어법 중심 한국어2
중급

정달영

박문사

발간사

　나는 연구실 일체를 정리하려고 그동안 쌓여 있던 여러 자료들을 정돈하다가 아람 서정수 선생님과 함께 일하던 자료 뭉치를 발견하였다. 나는 2007년 5월 초부터 선생님과 함께 속담사전과 어법 중심 한국어를 편찬하는 일을 진행했었다.

　그런데 선생님께서 환우가 위중하게 되어, 나에게 자료를 넘겨주면서 몇 가지 의논 말씀을 하셨다. 그때 아람 선생님께서 "속담 사전 편집"과 "외국인을 위한 한국어 교재 편집"에 관한 일을 내가 좀 맡아서 아람 선생님의 큰아드님과 의논하여 추진해 주기를 당부하셨다. 그런데 얼마 후 선생님께서 영면하시게 되었고, 나도 일신상에 매우 어려운 일이 생겨서 추진하던 편집 작업을 중단하게 되었다.

　나는 잃어버렸던 자료를 2013년 11월 초에 찾게 되어, 아람 선생님의 큰아드님과 전화 통화를 하고 만나기로 약속했다. 아람 선생님께서 내게 말씀하신 한국어 교재 편찬 자료 들과 새 개정판 속담사전 편찬 작업에 관한 내용을 큰아드님인 서영환 교수에게 설명하고, 이 책들의 출판 여부를 의논하였다. 그 자리에서 나는 아람 선생님의 뜻을 받들어 이 책을 출판하기로 큰아드님과 합의하였다.

　최근 외국어로서의 한국어 교육이 여러 교육 기관에서 활발하게 이루어지고 있다. 한국어 교육 현장에서는 의사소통 중심의 교수-학습 활동이 강조되고 있다. 한편 한국어 교육에서 문법 교육 또한 소홀히 해서는 안 되는 중요한 영역으로 인식되고 있다.

　그러므로 '어법 중심 한국어' 1, 2, 3책을 편집 출판하게 된 것은 한국어 교육 발전을 위해 뜻 깊은 일이 아닐 수 없다. 나는 앞으로 이 책이 한국어 교육 현장에서 많이 활용되었으면 좋겠다. 그뿐만 아니라, 이 책이 제목에 걸맞게 어법 중심의 정확하고 효율적인 한국어 교수·학습에 적지 않은 도움이 되기를 희망한다.

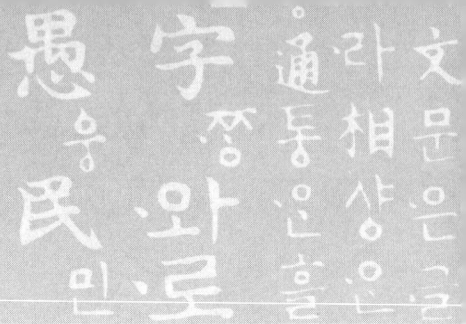

이 책의 편집 과정에서 여러분들의 많은 도움을 받았다. 이 자리를 빌려 그분들께 진심으로 감사드린다. 특히, 출판계의 장기적 불황 속에서도 저자에게 호의를 베풀어 이 책의 출판을 맡아준 제이앤씨/박문사 윤석현 사장님과 권석동 이사님, 그리고 책을 정말 보기 좋게 편집해 준 이신님께 진심으로 감사드린다.

특별히 이런 소중한 일을 부족한 나에게 당부하고 세상을 떠나가신 아람 서정수 선생님께 마음 깊이 감사드린다. 동시에 이 책을 발간하면서 만시지탄의 걱정을 조금이나마 덜 수 있는 계기가 되었으면 좋겠다.

2014. 1. 15.
왕방산 아래 연구실에서
정달영 적음

머리말

이 교재는 한국어를 체계적이고 효율적으로 학습할 수 있게 어법 중심으로 익혀 나가는 내용이 되도록 엮었다. 곧 한국어의 골격을 이루는 어법 유형의 학습에 중심점을 두고, 한국어를 과학적으로 학습하도록 엮었다는 것이다. 한국어의 어법 유형은 조사나 어미로 이루어지는 한국어 문장의 핵심적인 뼈대 요소이다. 이런 기본 어법의 숙달에 역점을 둔 것이 이 책의 가장 두드러진 특색이라 하겠다.

첫째로, 이 책에서는 문법 또는 어법 유형을 깨우치는 데 역점을 두었다. 어법 유형은 주로 조사나 어미로 이루어지는 문장의 뼈대요 골격이다. 정확한 한국어를 배우려면 기본이 되는 어법 사항을 잘 익히지 않으면 안 된다는 점을 이 책에서는 강조하였다.

둘째로, 한국어의 어법 유형은 단계적으로 익혀야만 효율성이 높은 학습이 된다는 점을 강조하였다. 일상 문장에서 자주 쓰이는 쉬운 어법부터 익히고, 점차 어려운 어법을 배워 나가는 것이 효율적인 한국어 학습법이라는 점을 학습자의 머릿속에 늘 새겨 두도록 강조하였다.

셋째로, 이 교재는 본문 내용을 주로 문답식으로 구성하여, 듣기와 말하기를 동시에 **숙달하도록 역점을 두었다.** 본문의 내용은 교실에서의 교수 학습, 자학자습, 녹음 활용 또는 한국인들과의 만남 등에서 듣는 내용이 학습자의 입을 통하여 말하기 능력 숙달에 도움이 되도록 세심한 배려를 하였다.

　　많이 듣고 말하는 연습 과정 없이, 의미 이해나 해석을 먼저 시도해서는 안 된다는 점에 주의를 기울였다. 듣고 말하기의 연습 과정을 건너뛴 내용 이해나 해석 위주의 방식은 지식 습득일 뿐이며, 귀와 입을 통한 말 배우기가 못된다. 이는 성인들이 말 배우기 과정에서 흔히 잘못된 데로 빠지기 쉬운 점이다. 그래서 듣기와 말하기 연습을 무시하는 태도를 경계하여야 한다는 점을 교수－학습자에게 깨우치도록 강조하였다.

2014년 1월 15일
정달영 적음

일러두기

1. 이 교재의 특징

이 교재는 3책으로 구성한다.

제1책 〈기초 한국어〉

발음법과 쓰기, 기본 어법 유형, 기본 단어로 구성한다. 모두 20과로 되어 있으며 각 과는 8-9 쪽(面)으로 이루어진다. 책의 분량은 4, 6 배판(B5 크기) 약 180여 쪽 분량이다.

제2책 〈중급 한국어〉

기초 한국어보다 한 단계 높은 어법 유형과 단어 등으로 이루어진다. 모두 20과로 편집하고 각 과는 8-9 쪽이며, 약 170여 쪽 분량이다.

제3책 〈고급 한국어〉

한국인 언어 능력에 버금가는 수준의 어법 유형과 단어, 어구로 구성하였다. 이 과정을 마친 학습자는 한국어의 자유로운 회화 능력과 독해력을 수준 높게 갖추게 될 것이다. 모두 23과로 되어 있으며 각 과는 8-9쪽이고 약 200여 쪽 정도의 분량이다.

2. 각 과의 구성

각 과는 3, 4 개의 소 항목으로 나누어 다루었다. 각 소 항목은 과문, 연습, 발음 풀이 및 어법 유형 풀이로 구성된다. 과문은 약 4, 5개의 핵심 문장으로 이루어진다. 교사나

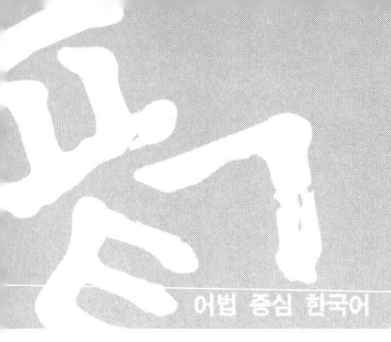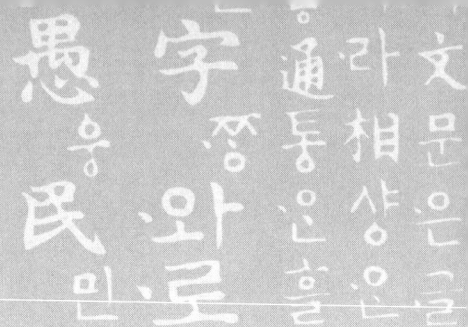

보조자는 학습자에게 각 과문을 반복적으로 따라 읽히고, 귀로 들어 말하는 기초 훈련을 쌓도록 지도한다.

숙달 연습: 각 과문 내용을 온전히 숙달할 수 있도록 대입하기 연습, 질문·대답하기 연습 등을 꾸준히 실시한다. 이 과정을 소홀히 하면 한국말이 뿌리를 내리지 못하여 한국어 능력이 크게 향상되지 못한다.

발음 변화 익히기: 한글의 낱글자를 배우고 읽는 것은 비교적 쉽다. 그러나 앞뒤의 글자를 이어서 발음할 때는 발음 변화(음운 변동)가 따르게 되므로, 그러한 발음법을 따로 익히지 않으면 한국어의 정확한 발음을 할 수가 없다.

어법 유형 풀이: 과문과 연습 과정에 나타난 중요한 어법 유형을 좀 더 구체적으로 풀이한다. 어법 유형의 구성 요소인 조사, 어미, 시제 표현, 경어법, 피·사동법 등을 일일이 풀이하여 그것들의 활용법을 숙달하도록 한다.

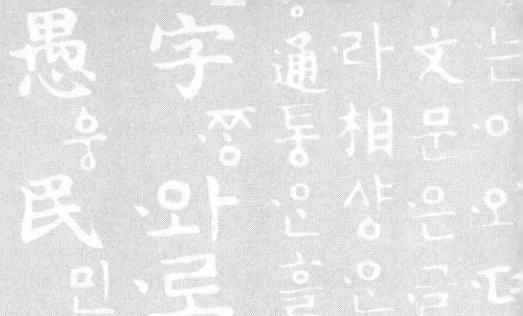

어법 중심 한국어

목차

어법 중심 한국어

어법 중심 한국어

어법 종심 한국어

동사의 부정형

1.1 짧은 부정형 "안"

 **기본 유형 : 안 + 동사**

지금 백화점에 갑니까?

　　아니요, 저는 백화점에 안 갑니다.

진우는 가끔 여기에 안 옵니까?

　　예, 진우는 여기에 안 옵니다.

그이가 오늘도 술을 마십니까?

　　아니요, 그이는 오늘 술을 안 마십니다.

1 연습하기

> **보기**　진우는 여자 친구를 안 만납니까?
> 　　　　　예, 진우는 여자 친구를 안 만납니다.

(1) 한나는 여행을 안 합니까?

　　예, 한나는 여행을 안 합니다.

(2) 진우는 이번 주말에 시골에 안 갑니까?

　　　예, 진우는 이번 주말에 시골에 안 갑니다.

(3) 그들은 한국 소설을 안 읽습니까?

　　　아니요, 그들은 한국 소설을 읽습니다.

(4) 진우는 배를 안 탑니까?

　　　아니요, 진우는 배를 탑니다.

2 발음

> 갑니다　　⇒ [감니다]
>
> 안 옵니다 ⇒ [아 놈니다]

3 어법

❶ 짧은 부정형의 용법

　동사의 부정형도 형용사 부정형과 동일한 방식으로 이루어진다. 동사의 짧은 부정형은 부정 부사 "안"을 동사 앞에 쓴다. 일상 말에서는 이 짧은 부정형이 자주 쓰인다.

부정부사	동사어간	어미
안	먹−	−습니다
안	벗−	−습니다
안	자−	−ㅂ니다
안	쓰−	−ㅂ니다

긴 부정형 "－지 않다"

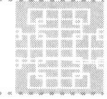

 **기본 유형 : 동사 어간 + －지 않다**

송미는 물고기를 잡지 않습니까?

  예, 송미는 물고기를 잡지 않습니다.

진우는 차를 운전하지 않습니까?

  예, 진우는 차를 운전하지 않습니다.

그들은 노래를 부르지 않습니까?

  예, 그들은 노래를 부르지 않습니다.

중학생들이 담배를 안 피웁니까?

  예, 중학생들은 담배를 피우지 않습니다.

1 연습하기

> **보기** 송미는 요즈음 시를 안 씁니까?
>
>   예, 송미는 요즈음 시를 쓰지 않습니다.

(1) 한나는 여행을 안 합니까?

  예, 한나는 여행을 하지 않습니다.

(2) 진우는 연극을 안 봅니까?

  예, 진우는 연극을 보지 않습니다.

(3) 그들은 구멍가게에서 물건을 안 삽니까?

  예, 그들은 구멍가게에서 물건을 사지 않습니다.

(4) 부인들은 요즈음 김치를 안 담급니까?

  예, 부인들은 요즈음 김치를 담그지 않습니다.

(5) 송미는 차를 안 마십니까?

　　　예, 송미는 차를 마시지 않습니다.

2 발음

> 않습니다 ⇒ [안씀니다]　　　　　안 씁니다 ⇒ [안 씀니다]
>
> 피웁니다 ⇒ [피움니다]

3 어법

❶ 긴 부정형의 용법

긴 부정형은 짧은 부정형과 뜻이 같으므로 서로 교체될 수 있다. 이 점은 형용사의 경우와 같다.

동사 어간	-지 않습니다
입-	입지 않습니다
신-	신지 않습니다
기다리-	기다리지 않습니다
믿-	믿지 않습니다

불가능 표시의 부정형 "못"

 **기본 유형 : 못 + 동사**

그이가 이 음식을 못 먹습니까?
　　예, 그이는 그 음식을 못 먹습니다.

그들은 한국 노래를 못 부릅니까?
　　예, 그들은 한국 노래를 못 부릅니다.

그들은 결혼을 못 합니까, 안 합니까?
　　그들은 결혼을 못 합니다.

남북한 친척들은 서로 만나지 못합니까?
　　예, 남북 친척들은 서로 만나지 못합니다.

1 연습하기

> **보기**　그들은 외국에 못 나갑니까?
> 　　　　예, 그들은 외국에 나가지 못합니다.

(1) 송미는 담배를 못 피웁니까?
　　예, 송미는 담배를 피우지 못합니다.

(2) 그분은 한국 신문을 못 읽습니까?
　　예, 그분은 한국 신문을 읽지 못합니다.

(3) 진우는 밤에 잠을 못 잡니까?
　　예, 진우는 밤에 잠을 자지 못합니다.

(4) 송미는 결혼을 못 합니까?
　　예, 송미는 결혼을 하지 못합니다.

(5) 송미는 한국 소설을 못 읽습니까?

　　　　예, 송미는 한국 소설을 읽지 못합니다.

2 발음

> 못 먹습니다 ⇒ [몬 먹씀니다]　　못 마십니다 ⇒ [몬 마심니다]
>
> 못 읽습니다 ⇒ [몬 익씀니다]

3 어법

❶ 부정 부사 "안"의 용법

문장의 주어가 서술어의 뜻을 부정함을 나타낸다.

> 예　나는 그 물건을 안 삽니다.　　　　(살 생각이 없다)
>
> 　　나는 그 남자를 만나지 않습니다.　(만날 생각이 없다)

❷ 부정 부사 "못"의 용법

문장의 주어가 서술어인 용언의 뜻을 부정하거나 불가능함을 나타낸다.

> 예　나는 그 물건을 못 산다.　　　　(사고 싶어도 살 수 없다)
>
> 　　나는 그 여자를 못 만납니다.　(만날 형편이 안 된다)

1.4 불가능과 부정형의 선택

 **기본 유형 : "안"과 "못"의 구분**

지금 시내에 안 갑니까? 못 갑니까?
　　저는 지금 시내에 못 갑니다.

한국말을 안 하십니까? 못 하십니까?
　　저는 한국말을 못 합니다.

저 산을 안 올라갑니까? 못 올라갑니까?
　　저는 저 산을 못 올라갑니다.

1 연습하기

> **보기**　수영을 안 합니까? 못 합니까?
> 　　　　저는 수영을 못 합니다.

(1) 한국 악기를 안 다룹니까? 못 다룹니까?
　　　저는 한국 악기를 못 다룹니다.

(2) 한국 연속극을 안 봅니까? 못 봅니까?
　　　저는 한국 연속극을 못 봅니다.

(3) 그림을 안 그립니까? 못 그립니까?
　　　저는 그림을 못 그립니다.

(4) 생선을 안 먹습니까? 못 먹습니까?
　　　저는 생선을 못 먹습니다.

(5) 북한에 안 갑니까? 못 갑니까?
　　　우리는 북한에 못 갑니다.

2 발음

> 못 하십니까 ⇒ [모 타심니까]　　못 합니다 ⇒ [모 탐니까]
> 연속극　　　⇒ [연속끅]　　　　　악기　　　⇒ [아끼]

3 어법

❶ 선택 질문

선택 질문은 화자가 말한 두 가지 질문 중에서, 청자가 하나를 골라서 대답하도록 하는 것이다. 선택 질문을 하도록 할 때는, 두 가지 사항을 의문문 형식으로 바꾸고, 각각 의문 부호(?)를 표시하게 한다.

> 예) 저 산에 안 올라갑니까? 못 올라갑니까?
> 　　　저는 못 올라갑니다.
> 　　인삼차를 마시겠습니까? 홍차를 마시겠습니까?
> 　　　저는 인삼차를 마시겠습니다.
> 　　무엇을 드시겠어요, 냉면? 온면?
> 　　　저는 냉면요.

1.5 긴 부정형 "ㅡ지 않다", "ㅡ지 못하다"

 **기본 유형 : ㅡ지 않다, ㅡ지 못 하다**

왜, 한국말 편지를 쓰지 않습니까?

　예, 저는 한국말 편지를 쓰지 못합니다.

저와 함께 차를 마시지 않겠습니까?

　저는 할 일이 많아서 차를 마시지 못합니다.

왜, 이번 명절에 고향에 가지 않습니까?

　예, 저는 바빠서 이번 명절에 고향에 가지 못합니다.

1 연습하기

> **보기**　왜, 일찍 못 잡니까?
>
> 　　　　예, 저는 할 일이 많아서 일찍 자지 못합니다.

(1) 왜, 일찍 못 일어납니까?

　　예, 저는 아침에 일직 일어나지 못합니다.

(2) 왜, 잘 못 듣습니까?

　　예, 저는 잘 듣지 못합니다.

(3) 왜 병을 빨리 안 고칩니까?

　　의사가 빨리 치료하지 못합니다.

(4) 왜 일상 용품을 못 삽니까?

　　저는 생활비가 넉넉하지 못합니다.

2 발음

한국말 ⇒ [한궁말]　　　　않습니까 ⇒ [안씀니까]

못합니다 ⇒ [모탐니다]　　　듣습니까 ⇒ [드씀니까]

듣지 　 ⇒ [드찌]

3 어법

❶ 긴 부정형

긴 부정형은 어떤 문장에 사용된 서술어인 용언의 어간에 어미 "-지"를 붙이고, 그 뒤에 "않다(아니하다)" 혹은 "못하다"를 쓴다.

> 예 저 산에 올라가지 않습니까?
>
> 　　예, 저는 저 산에 올라가지 않습니다.
>
> 성미 씨는 소주를 좋아합니까?
>
> 　　아니요, 저는 소주를 좋아하지 않습니다.
>
> 진우 씨 커피를 마시겠습니까?
>
> 　　아니요, 저는 커피를 마시지 못합니다.
>
> 점심 식사로 생선을 드시겠어요?
>
> 　　아니요, 저는 생선을 먹지 못해요.

제2과
주어 존대

2.1 "-이다" 문장의 주어 존대 "-시-"

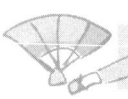 **기본 유형 : -시-**

저분이 우리 선생님이십니까?
　　예, 저분이 우리 선생님이십니다.

그분은 누구십니까?
　　이분은 우리 형님이십니다.

저분은 누구십니까?
　　저분은 우리 아저씨이십니다.

이분이 어머님이십니까?
　　예, 그분이 제 어머니이십니다.

1 연습하기

보기　저분은 누구십니까?
　　　　우리 아주머니 ‥ 저분은 우리 아주머니이십니다.

(1) 저분은 누구십니까?

누님　　　　　 ‥ 저분은 우리 누님이십니다.

(2) 저분은 누구십니까?

집주인　　　　 ‥ 저분은 우리 집 주인이십니다.

(3) 저분은 누구십니까?

우리 할아버지 ‥ 저분은 우리 할아버지이십니다.

(4) 저분은 누구십니까?

한국어 교수님 ‥ 저분은 한국어 교수님이십니다.

(5) 저분은 누구십니까?

원장 선생님　 ‥ 저분은 원장 선생님이십니다.

2 발음

누구십니까 ⇒ [누구심니까]
할아버지　 ⇒ [하라버지]

3 어법

❶ "−이다" 문장의 주어 존대 "−시−"의 용법

"−이다" 문장은 "−이다"와 그 부정형으로 "아니다"가 쓰인 문장이다. 이런 문장의 주어 존대는 "−이다"나 부정형 "아니다"의 어간 뒤에 "−시−"를 삽입하여 쓴다. 주어 존대는 주어를 높이는 어법이므로 부모, 손위 친척, 선생님, 직장의 상사 등에만 쓰일 수 있다.

예 저분은 우리 선생님이십니다. (−이 + 시 + ㅂ니다)

이분은 제 아버지이십니다.   (−이 + 시 + ㅂ니다)

동사 명사	지정사어간	시	−ㅂ니다	예
할머니	이	시	−ㅂ니다	할머니이십니다
아버지	이	시	−ㅂ니다	아버지이십니다
손님	이	시	−ㅂ니다	손님이십니다

❷ "아니다" 문장의 주어 존대 방법

"아니다"가 쓰인 부정문에는 "아니" 뒤에 "−시−"를 삽입한다.

예 이분이 사장님이 아니십니까?   (아니+ 시+ ㅂ니까)

아니요, 그분은 사장님이 **아니십니다**.   (아니+ 시+ ㅂ니다)

저분이 학회 회장님이 아니십니까?   (아니+ 시+ ㅂ니까)

아니요, 저분은 회장님이 **아니십니다**.   (아니+ 시+ ㅂ니다)

부정 지정사 "아니다"의 앞에 쓰인 명사는 보어이며 거기에 첨가된 조사는 보어 조사이다. 이것은 앞에서 살핀 "되다"의 경우와 같다.

아래 예문에서 밑줄 친 것이 보어와 보어 조사이다.

예 그분은 우리 **누님이** 아니십니다.

저분은 의사 **선생님이** 아니십니다.

이분이 전에 말씀하시던 **그분이** 아니십니까?

2.2 형용사문과 동사문의 주어 존대

 **기본 유형 : -(으)시-**

할머니께서는 건강하십니까?

    예, 할머니께서는 요즈음 건강하십니다.

할아버지께서는 자주 산책을 하십니까?

    예, 할아버지께서는 늘 산책을 하십니다.

누님은 기분이 좋으십니까?

    예, 누님은 기분이 좋으십니다.

손님이 지금 떠나십니까?

    아니요, 손님이 지금 안 떠나십니다.

1 연습하기

> **보기** 사장님이 몸이 아프십니까?
>
>   아니요, 사장님은 몸이 아프시지 않습니다.

(1) 선생님이 기분이 좋으십니까?

    아니요, 선생님이 기분이 좋지 않으십니다.

(2) 형님이 요즈음 편찮으십니까?

    아니요, 형님은 편찮으시지 않습니다.

(3) 손님이 지금 정원을 구경하십니까?

    아니요, 손님은 지금 정원을 구경하시지 않습니다.

(4) 부모님께서 외국 여행을 떠나십니까?

    아니요, 부모님께서는 외국 여행을 떠나시지 않습니다.

(5) 김 선생님께서 수학을 가르치십니까?

　　　아니요, 김 선생님께서는 수학을 가르치시지 않습니다.

2 어법

❶ 동사문의 주어 존대

　문장에서 존대할 만한 주어가 쓰였을 때는 서술어로 사용된 동사나 형용사의 어간 다음에 "-시-"나 "-으시-"를 삽입한다. 이것은 존대 접미사이므로 종결 어미와는 다르다. 따라서 존대 접미사와 문말 어미를 혼동하지 않도록 주의해야 한다.

　　예　어머님이 부침개를 부치십니다.　　　　　(부치 + 시 　+ 어미)

　　　　아저씨는 늘 모자를 쓰십니다.　　　　(쓰 　+ 시 　+ 어미)

　　　　누님은 한복을 입을 때 버선을 신으십니다. (신 　+ 으시 + 어미)

❷ "-께서"의 용법

　아주 높여야 할 분이 문장의 주어가 될 때는 주어 조사 "-이/가" 대신에 "-께서"를 첨가한다.

　　예　할아버지께서는 신문을 읽으십니다.

　　　　할머니께서는 손자를 돌보십니다.

　　　　아버지께서는 회사에 나가십니다.

　　　　선생님께서는 교실에 계십니다.

　주어에 첨가하는 "-께서"는 존대 주어 조사라고 말한다. 현대 말씨에서는 "-께서"는 "할아버지", "아버지", "선생님" 등 아주 높여야 할 분들에게만 주로 쓰이는 경향이 있다. 위와 같이 아주 높은 어른에게만 "-께서"를 쓰고, 그보다 낮은 분에게는 잘 안 쓰는 것이 보통이다. 사실상, "-께서"는 현대 말씨에서는 많이 쓰이지 않는 경향이 있다.

❸ 존대문과 "계시다"

존대문의 경우에, 주어 존대는 앞에서 본 바와 같이 서술어가 "계시다", "안 계시다"로 표현된다.

> 예 어머니가 방에 계십니다.   (안 계십니다)
>   저는 어머니가 계십니다.   (함께 안 계십니다)

주어	께서/이	어간	접미사	어미
할아버지	-께서	건강하-	-시-	-ㅂ니다
아버지	-께서	읽-	-으시-	-ㅂ니다
할머니	-께서/-가	계-	-시-	-ㅂ니다
어머니	-께서/-가	편찮-	-으시-	-ㅂ니다
선생님	-께서/-이	가르치-	-시-	-ㅂ니다
형님	-이	오-	-시-	-ㅂ니다
누님	-이	가-	-시-	-ㅂ니다
사장님	-이	출근하-	-시-	-ㅂ니다
손님	-이	오-	-시-	-ㅂ니다

❹ 주어 존대의 관용 어휘

높은 어른에게는 앞에서 말한 일반적 주어 존대법 이외에 관용적 존댓말을 쓰는 것이 보통이다. 예를 들면 다음과 같다.

> **진지**: "밥"의 높임말이다. 어른에게는 "밥"이라는 말 대신에 "진지"라는 존대어를 쓴다.

> 예 아버지, 진지를 차릴까요?
>   어서 진지를 잡수십시오.

잡수시다: "먹다"라는 말의 높임말이다. 어른에게는 "먹다"를 쓰지 않고 이런 존대어를 쓴다.

예 할아버지께서 진지를 잡수십니다.
　　선생님께서 진지를 잡수십니다.

주무시다: "자다"라는 말의 높임말이다.

예 할머니께서 주무십니다.
　　어른이 늦잠을 주무십니다.

댁: "집"이라는 말의 존대어이다. 윗분의 집을 말할 대는 이런 존대어를 쓰는 것이 보통이다.

예 선생님, 댁이 어디십니까?
　　우리 집은 분당에 있습니다.

연세: "나이"의 존대어다. 어른의 나이를 말할 때는 "나이"라는 말을 쓰지 않고 "연세"라는 존대어를 쓰는 것이 바람직하다.

예 연세가 어떻게 되십니까?
　　제 나이는 아무도 모릅니다.

성함: "이름"의 존대어이다. "존함"이라는 말을 쓰기도 한다. 어른의 이름을 물을 때는 이 말을 쓰는 것이 보통이다.

예 선생님의 성함을 알고 싶습니다.
　　제 이름은 김진우입니다.

말씀: 말(언어)의 존대어이다. 윗분의 말은 "말씀"이라 한다.

예) 선생님께서 그런 말씀을 하십니까?
그 무슨 말씀이십니까?
그 말씀을 잘 모르겠습니다.

제3과
청자 존대

3.1 격식 청자 존대

 **기본 유형 : ‑(스)ㅂ니다**

저 사람이 친구입니까?

　　예, 저 사람은 제 친구입니다.

그 아이가 무엇을 합니까?

　　그 아이는 장난을 합니다.

이 물건이 좋습니까?

　　예, 이 물건은 아주 좋습니다.

이 과일이 맛이 있습니까?

　　예, 그 과일은 맛이 있습니다.

선생은 그 사람을 믿습니까?

　　아니요, 저는 그 사람을 믿지 않습니다.

학생들이 외국어를 열심히 배웁니까?

　　예, 학생들은 외국어를 열심히 배웁니다.

1 연습하기

> **보기** 요즈음 할 일이 많습니까?
>
> 아니요, 요즈음 할 일이 별로 없습니다.

(1) 저 사람이 여자 친구입니까?

아니요, 저 사람은 여자 친구가 아닙니다.

(2) 이 꽃이 아름답습니까?

아니요, 그 꽃은 아름답지 않습니다.

(3) 저 직원이 똑똑합니까?

아니요, 저 직원은 똑똑하지 않습니다.

(4) 그 분은 늘 한복을 입습니까?

아니요, 그분은 늘 한복을 입지는 않습니다.

(5) 학생은 날마다 수학을 배웁니까?

아니요, 학생은 날마다 수학을 배우지는 않습니다.

2 어법

❶ 격식 청자 존대법의 용법

청자는 말을 듣는 상대자이다. 청자 존대법은 그런 청자를 높이어 말하는 방법이다. 부모님, 선생님 등 윗분이 청자가 될 때에는 청자 존대법을 쓴다.

여기서 말하는 **격식 청자 존대법**은 주로 방송, 연설, 공식적인 표현 등에서 쓰인다. 일반 대화에서도 격식을 차려서 말할 때는 이 청자 존대법을 쓴다. 이것은 뒤에서 말하는 비공식적이고 친밀한 말씨와는 구분된다.

격식 청자 존대법은 "-ㅂ니다"나 "-습니다" 따위 어미를 써서 나타낸다. 이것은 "-ㅂ/**습니다**"와 같은 형식으로 함께 표시하기도 한다.

- -ㅂ**니다**: 어간이 모음으로 끝난 "-이다", 형용사, 동사 등의 어미로 쓰인다.

예 이것이 시작입니다.　　　　　(시작이 + ㅂ니다)
저 사람이 더 나쁩니다.　　　　(나쁘　 + ㅂ니다)
사람들이 직장에 갑니다.　　　 (가　　 + ㅂ니다)

• **-습니다**: 어간이 자음으로 끝난 형용사나 동사에 쓰인다.

예 나는 집에 있습니다.　　　　　(있 + 습니다)
날씨가 좋습니다.　　　　　　　(좋 + 습니다)
아이가 밥을 먹습니다.　　　　 (먹 + 습니다)

❷ 청자 존대법과 주어 존대법의 구분

청자 존대법은 주어 존대법과는 다르다. 청자 존대법은 주어와는 상관없이 말을 듣는 상대자, 곧 청자를 높이는 존대법이다.

예 형님, 저는 지금 일합니다.
(이 경우, 주어가 자기 자신이므로 주어 존대가 안 쓰이지만, 청자가 형님이므로 청자 존대법을 쓴 것이다.)

아버지, 선생님이/선생님께서 저기 오십니다.
(주어와 청자를 동시에 함께 높인 것이다)

야, 선생님이 저기 오신다.
(주어는 높이고, 청자는 안 높인 것이다)

3.2 | 비격식 청자 존대

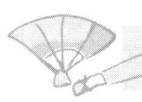 **기본 유형 : -아요/-어요, -지요, -해요**

주인: 이 노래가 좋아요?

손님: 예, 그 노래가 좋아요.

주인: 이 만화가 재미있어요?

손님: 예, 그 만화가 재미있어요.

주인: 이 옷이 싸지요?

손님: 예, 그 옷이 싸요.

주인: 저 남산 탑이 매우 높지요?

손님: 예, 참 높아요.

주인: 이 음식이 맛이 있어요?

손님: 예, 그 음식이 맛이 있어요.

주인: 저분이 외국 사람이에요?

손님: 예, 저분은 외국 사람이에요.

1 연습하기

> **보기** 저 외국인이 무엇을 하지요?
>
> 요가 ‥ 그는 요가를 해요.

(1) 저 사람들이 무엇을 하지요?

　장사　‥ 저 사람들은 장사를 해요.

(2) 저 사람들은 저기에서 무엇을 하지요?

　농장　‥ 저 사람들은 농장에서 일을 해요.

(3) 저분의 직업이 무엇이에요?

　회사원 ‥ 저분은 회사원이에요.

(4) 저 사람들은 어디에 가지요?

운동장 ·· 저 사람들은 운동장에 가요.

(5) 이 옷을 어디에서 샀어요?

백화점 ·· 그 옷은 백화점에서 샀어요.

2 어법

❶ 비격식 청자 존대법의 용법

비격식 청자 존대법은 앞에 말한 격식 존대법과 존대 정도는 거의 같으므로 서로 교체하여 쓸 수 있다. 다만, 비격식 존대법은 좀더 부드럽고 친근한 느낌을 드러내므로 비공식적인 일상 대화에서 흔히 쓰인다.

❷ 비격식 청자 존대법의 어미

비격식 청자 존대법의 어미는 몇 가지로 나누어진다. 그런데 대개 "요"가 끝에 첨가되는 것이 특징이다.

· 격식 청자 존대

예 그는 우리 친구입니다.
우리는 집에 있습니다.
우리는 옛날 책을 읽습니다.
사람들은 산에 올라갑니다.

· 비격식 청자 존대

예 그는 우리 친구예요.
그는 매일 집에 있어요.
우리는 매일 신문을 읽어요.
저분이 어디에 가요?

저분은 항상 도서관에 가지요.

거기서 무얼 해요?

하긴 뭘 해요. 아무것도 안 해요.

· 비격식 청자 존대 어미

−아요	이 옷이 참 좋아요? 　예, 이 옷이 참 좋아요. 지금 영화를 봐요(← 보아요)? 　예, 저는 지금 영화를 봐요(← 보아요)
−요	이 물건이 싸요? 지금 시장에 가요. 저녁에는 늦게 자요? 아침에는 일찍 일어나요.
−여요	무슨 공부를 해요? 우리는 한국 문화를 공부해요. (⇔ 하여요)
−어요	모임에는 무슨 옷을 입어요? 한복을 입어요.
−지요	그 여자가 예쁘지요? 예, 좀 예뻐요.
−지요 −군요 −나요 −이에요	운동장에 사람들이 매우 많<u>지요</u>? 예, 사람들이 참 많<u>군요</u>. (서술문에만 쓰임) 오늘 오후에 모이<u>나요</u>? (질문에만 씀) 예, 오늘 오후에 또 모이<u>지요</u>. 저분이 서울 시장<u>이에요</u>? ("−이다"의 청자 존대형) 예, 저분이 서울 시장<u>이에요</u>.

청자 존대와 주어 존대의 겹침

 **기본 유형 : −십니까, −셔요, −세요**

형님, 지금 무엇을 하십니까?

아저씨, 백화점에 가셔요?

아주머니, 시장에 가시지요?

누님, 저와 같이 가시지요.

손님, 어서 오셔요/오세요.

그 선생님이 좋으시지요?

예, 그 선생님은 좋으셔요/좋으세요.

1 연습하기

> 보기   아주머니, 저분이 항상 등산하시지요?
>
> 　　　　예, 저분은 항상 등산하셔요/등산하세요.

(1) 과장님, 사장님이 주말에 지방 여행을 하세요?

　　예, 사장님은 가끔 지방 여행을 하세요.

(2) 아주머니, 바깥 분은 지금 댁에 안 계세요?

　　아니요, 우리 집 주인은 지금 집에 계세요.

(3) 부시장님, 시장님은 체육대회에 안 나가십니까?

　　아니요, 시장님은 체육대회에 늘 나가세요.

(4) 학생, 저 교수님은 연구를 많이 하시지요?

　　예, 저 교수님은 날마다 연구를 많이 하셔요.

(5) 교장 선생님, 선생님들은 여름방학 때 피서를 가시지요?

　　예, 선생님들은 여름방학 때 피서를 가셔요.

2 발음

같이　　　 ⇒ [가치]
나가셨지요 ⇒ [나가셔찌요]

3 어법

❶ 주어 존대와 청자 존대의 용법

예: 아저씨가 시골에 가십니다.

(가 + 시 + ㅂ니다... 격식체의 주어, 청자 존대)

주머니는 늘 웃으셔요.

(웃 + 으시 + 어요... 비격식체의 주어, 청자 존대)

위 문장에서 "-시-"나 "-으시-"는 주어 존대를 나타내는 존대 접미사 혹은 존대 선어말 어미 형태이다. 그 뒤에 이어진 "-ㅂ니다"는 청자 존대 어미이다. 따라서 이런 문장은 주어 존대와 청자 존대가 겹쳐서 나타난 것이다.

제4과
청자의 비존대

4.1 반말체

 **기본 유형 : −아/어, −지, −군, −나**

친구1: 지금 밖에 비가 와?

친구2: 그래, 지금 밖에 비가 와.

친구1: 이 방이 따뜻해?

친구2: 그래, 이 방은 따뜻해.

친구1: 돈이 있어?

친구2: 응, 돈이 좀 있어.

친구1: 이 외투가 좋지?

친구2: 그래, 그 외투가 좋아. 그러나 값이 좀 비싸지.

친구1: 저 기차가 매우 빠르지?

친구2: 그래, 저 기차는 정말 빠르군!

1 연습하기

> 보기 내일 집에 손님이 오시나?
> 그래, 내일 집에 손님이 오셔.

(1) 선생님께서 그런 말씀을 하셨나?

 그래, 선생님께서 그런 말씀을 하셨어.

(2) 지금 밖에는 눈이 오지?

 그래, 지금 밖에는 눈이 오는군.

(3) 날마다 신문을 읽나?

 그래, 날마다 신문을 읽지.

(4) 할머니들이 요즈음도 버선을 신으시나?

 아니야, 요즈음엔 할머니들도 양말을 신으셔.

(5) 아침에 우유를 마시지?

 응, 아침에 우유를 마시지.

비가 온다.

눈이 내리는군!

2 어법

❶ 반말체의 용법

청자를 높이지 않는 반말체는 말을 듣는 상대자를 높이지 않는 말씨이다. 대개 친구끼리 또는 아랫사람에게 사용한다. 청자의 반말체 어미는 비격식 존대 어미에서 "-요"를 제외한 것이다.

예 나는 그분을 잘 알아.   ("알아요"에서 "-요"가 생략된 것이다)
그 친구가 집에 있어.   ("있어요"에서 "-요"가 제외된 것이다)
그 여자가 학교에 나가지? ("나가지요"에서 "-요"가 생략된 것이다)
이 애는 내 아들이야.   ("-이에요"에서 "-요"를 생략한 꼴이다)

4.2 청자 안 높임 또는 낮춤말

기본 유형 : -니?, -는다/-ㄴ다, -다

오늘 날씨가 좋니?
　응, 날씨가 좋다.

그 사람은 집에 있니?
　아니, 그 사람은 집에 없다.

오늘 그 친구를 만나니?
　그래, 그 친구를 오늘 만난다.

1 연습하기

보기 내일 집에 손님이 오시니?
　　　그래, 내일 집에 손님이 오신다.

(1) 아버지께서 그런 말씀을 하시니?
　　그래, 아버지께서 그런 말씀을 자주 하신다.

(2) 너는 날마다 성경을 읽니?

　　그래, 나는 날마다 성경을 읽는다.

(3) 날마다 운동을 하니?

　　그래, 날마다 운동을 한다.

(4) 너는 날마다 약을 먹니?

　　그래, 나는 날마다 약을 먹는다.

(5) 그 여자가 얌전하니?

　　그래, 그 여자는 얌전하다.

2 발음

읽는다 ⇒ [잉는다]	읽니 ⇒ [잉니]
먹는다 ⇒ [멍는다]	먹니 ⇒ [멍니]

3 어법

❶ 청자 낮춤말 형태의 용법

　청자의 낮춤말 또는 안 높임 어미는 "ー니", "ーㄴ/는다", "ー다" 등이다. 이런 어미 형태는 아이들이나 친한 친구에게 쓰이는 말씨다. 반말체와 거의 같으나 더 낮춤 형태이다. "ー니"는 의문문에만 쓰인다.

　　예　그 친구가 지금 집에 있니?

　　　　　그 친구는 회사에 있다.

　　　　그가 날마다 시내에 가니?

　　　　　그는 날마다 시내에 간다.

　　　　너는 아침에 한식(韓食)을 먹니?

　　　　　나는 아침에 양식(洋式)을 먹는다.

윗사람과 아랫사람의 대화

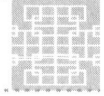

 **기본 유형 : -니?, -(ㄴ/는)다, -나?, -아, -지, -군**

한나　　　: 선생님, 안녕하세요? 참 오래간만이에요.

장 선생 : 아, 한나군. 잘 있었니? 참 반갑군.

한나　　　: 정말 반가워요. 요즈음 어떻게 지내세요?

장 선생 : 잘 지내지.

한나　　　: 재미도 좋으시고요?

장 선생 : 재미는 무슨 재미. 그저 그래.

한나　　　: 요즈음 무슨 일을 하시지요?

장 선생 : 글을 좀 쓰지.

한나　　　: 무슨 글이지요?

장 선생 : 수필이야. 신변잡기를 쓰고 있어.

한나　　　: 그 내용이 재미있지요?

장 선생 : 나는 잘 몰라. 한나는 지금도 학교에 다니나?

한나　　　: 예, 대학원에 다니고 있어요. 저는 연구 생활이 재미있어요.

장 선생 : 그럼, 열심히 공부해요.

한나　　　: 지금 연세가 어떻게 되세요?

장 선생 : 좀 많지. 올해 고희가 되지.

한나　　　: 어떻게 그렇게 건강하시지요?

장 선생 : 건강관리를 하니까 아직 몸이 건강해.

한나　　　: 선생님께서는 여행을 많이 하시지요?

장 선생 : 주말에는 등산하고, 가끔 여행도 하지.

한나　　　: 우리나라 명승지는 다 여행하셨지요?

장 선생 : 백두산, 금강산, 설악산, 소백산, 지리산 그리고 한라산 등을 가 보았지.

한나　　　: 우리나라에는 명승지가 많지요?

장 선생 : 그렇지, 우리나라 땅은 다 아름답지.

한나　　　: 외국 여행도 자주 하시나요?

장 선생 : 가끔 하지.

한나　　　: 어느 나라들을 여행하셨어요?

장 선생 : 중국, 태국, 베트남, 인도네시아 등, 주로 동남아 지역이지.

한나　　　: 영국 등 유럽 지역은 안 가 보셨어요?

장 선생 : 그 나라들은 오래 전에 여행했지.

한나　　　: 선생님, 대단히 고맙습니다.

장 선생 : 나도 재미있었어. 고마워.

한나　　　: 그럼, 안녕히 계세요.

장 선생 : 그래, 잘 가. 또 와요.

1 어법

❶ 대화 중의 어법과 관용법의 되새김

· **오래간만이에요.**: 서로 아는 사이인데, 오랫동안 보지 못하다가 만났을 때 사용하는 인사말.

· **정말 반가워요.**: 평소에 보고 싶었는데, 만나서 마음이 매우 기쁘다는 뜻으로 하는 인사말.

· **잘 있니?**: 그동안 못 만나서, 궁금했는데, 아무 사고 없이 잘 지내고 있는지를 물어 보는 인사말.

· **참 반갑군.**: 만나서 참으로 마음이 기쁘다는 뜻으로 하는 인사말. 자기보다 아랫사 람이나 친구 사이에 하는 말씨.

· **어떻게 지내세요?**: 상대를 보지 못해서 궁금하던 참에, 만나서 잘 지내고 있는지를 물어보는 인사말. 상대를 두루 높이는 비격식체의 말씨.

· **대단히 고맙습니다.**: 상대방의 호의에 고마운 마음을 표하는 인사말.

· **그럼, 안녕히 계세요.**: 상대와 대화를 나누거나 볼 일을 다 마치고 헤어질 때, 떠나는 사람이 남아 있는 상대에게 하는 인사말. 상대를 두루 높이는 비격식체의 말씨.

2 발음

많지	⇒ [만치]	어떻게	⇒ [어떠케]
그렇게	⇒ [그러케]	몸이	⇒ [모미]
아름답지	⇒ [아름답찌]	보았지	⇒ [보아찌]
여행하셨지요	⇒ [여행하셔찌요]	보셨지요	⇒ [보셔찌요]

메모하세요

과거 표시

5.1 어간 끝모음이 "ㅏ"일 때의 과거 표시

 **기본 유형 : "-았-"**

추석 날 밤에는 달이 밝았지요?
　　예, 그날 밤은 달이 유난히 밝았지요.

그이는 그때 돈이 많았지요?
　　아니요, 그이는 그때 돈이 많지 않았어요.

오늘 월급을 받았어요?
　　아직 월급을 못 받았어요.

아이가 연필을 잘 깎았어요?
　　예, 그 아이가 연필을 잘 깎았어요.

1 연습하기

> **보기** 그이가 과거에 돈이 많았습니까?
>
>   예, 그이는 과거에 돈이 많았어요.

(1) 그 단어를 한국어 사전에서 찾았습니까?

　　예, 이 단어를 한국어 사전에서 찾았어요.

(2) 그 부인이 날마다 마루를 닦았습니까?

　　예, 그 부인이 날마다 마루를 닦았어요.

(3) 물건 값을 많이 깎았습니까?

　　예, 물건 값을 많이 깎았어요.

(4) 제가 말이 너무 많았지요?

　　아니요, 말씀이 매우 좋았어요.

(5) 벌써 날이 밝았습니까?

　　예, 날이 벌써 밝았어요.

2 발음

> 받았습니다 ⇒ [바다씀니다]　　　찾았습니다 ⇒ [차자씀니다]
>
> 맡았습니다 ⇒ [마타씀니다]　　　밝았습니다 ⇒ [발가씀니다]
>
> 닦았습니다 ⇒ [다까씀니다]　　　깎았습니다 ⇒ [까까씀니다]

3 어법

❶ 과거 형태 "-았-"의 용법: 〈어간 "ㅏ" + 종성 ㅆ ⇒ 았〉

형용사나 동사 어간의 모음이 "ㅏ"로 끝나고, 그 어간 끝에 자음이 있을 경우에는 과거 형태 "-았-"이 쓰인다.

예 나는 선물을 **받았**습니다.   ("받-" 어간 모음 "ㅏ" + 끝자음 "ㄷ")

돈이 **남았**어요.   ("남"-: 모음 어간 ㅏ + 끝자음 "ㅁ")

문을 **닫았**군요.   ("닫-": 모음 어간 ㅏ + 끝자음 "ㄷ")

5.2 어간 끝모음이 "ㅗ"일 때의 과거 표시

 **기본 유형 : "-았-"**

이 그림을 보았어요?

　예, 저는 그 그림을 보았습니다.

그 학생이 여기에 가방을 놓았지요?

　예, 그 학생은 여기에 가방을 놓았어요.

그가 여기에 그의 안경을 놓았지요?

　아니요, 제가 거기에 제 안경을 놓았어요.

1 연습하기

> **보기** 누가 그 영화를 보았습니까?
> 　부인들 ‥ 부인들이 그 영화를 보았어요.

(1) 누가 호랑이를 쫓았습니까?

　사냥개　　‥ 사냥개가 호랑이를 쫓았어요.

(2) 아이들이 날마다 어디에서 놀았지요?

　놀이터　　‥ 아이들이 날마다 놀이터에서 놀았습니다.

(3) 언제 학생들이 졸았습니까?

　수업 시간 ‥ 학생들이 수업 시간에 졸았어요.

(4) 할머니가 어디에 머리핀을 꽂았습니까?

머리 ·· 할머니는 뒷머리에 머리핀을 꽂았어요.

(5) 얼음이 벌써 녹았어요?

냉장고 ·· 냉장고에서 벌써 얼음이 녹았습니다.

2 발음

좋았습니다 ⇒ [조라씀니다]	꽂았습니다 ⇒ [꼬자씀니다]
쫓았습니다 ⇒ [쪼차씀니다]	뒷머리 ⇒ [뒨머리]

3 어법

❶ 어간 모음이 "ㅗ"일 때의 과거 표시 ⇒ "-았-"

어간 모음이 "ㅗ"일 때도 과거 형태 "-았-"이 쓰인다. 이것은 어간 모음이 "ㅏ"일 때와 같다.

> 예 여기에 물건을 놓았습니다. ("놓": 어간 모음 "ㅗ" + 끝자음 "ㅎ")
> 그 영화가 좋았습니다. ("좋": 어간 모음 "ㅗ" + 끝자음 "ㅎ")
> 여기에 그 책을 꽂았습니다. ("꽂": 어간 모음 "ㅗ" + 끝자음 "ㅈ")

다만, 어간의 끝에 자음이 없을 경우에는 "-았-"이 축약되는 수가 있다.

> 예 보았습니다 ⇔ 봤습니다 (두 가지가 다 쓰임)
> 오았습니다 ⇒ 왔습니다 (축약형만 쓰임)

5.3 어간 끝모음이 종성 없는 "ㅏ/ㅓ"일 때의 과거 표시

 기본 유형 : "ㅆ"

그 사람이 집에 갔습니까?

　예, 벌써 집에 갔습니다.

그것을 어디에서 샀습니까?

　예, 이것은 이태원 시장에서 샀어요.

그이가 벌써 떠났어요?

　아니요, 아직 안 떠났어요.

버스가 우리 학교 앞에서 섰어요?

　예, 버스가 우리 학교 앞에서 섰어요.

1 발음

갔습니다 ⇒ [가씀니다]	샀습니다 ⇒ [사씀니다]
떠났습니다 ⇒ [떠나씀니다]	섰습니다 ⇒ [서씀니다]

2 어법

❶ 어간의 끝 모음이 "ㅏ"이고, 종성(받침)이 없을 때는 과거 형태는 "ㅆ"이다.

　　예 그이가 시장에 **갔**습니다.　　(가 + ㅆ－습니다)

　　　　나는 옷을 **샀**습니다.　　　(사 + ㅆ－습니다)

　　　　나는 낮에 **잤**어요.　　　　(자 + ㅆ－어요)

5.4 어간의 끝모음이 "ㅏ, ㅗ" 이외일 때의 과거 표시

 **기본 유형 : "-었-"**

그가 짚신을 신었습니까?

　　아니요, 고무신을 신었어요.

언제 점심을 먹었지요?

　　나는 12시에 점심을 먹었어요.

그 여자는 온종일 방에 있었나요?

　　그 여자는 종일 가게에 있었어요.

이 방은 그동안 비어 있었습니까?

　　아니요, 하숙생이 있었어요.

1 연습하기

> **보기** 젊은이들이 무엇을 먹었습니까?
>
> 　　떡국 ‥ 젊은이들이 떡국을 먹었습니다.

(1) 여자들이 무슨 옷을 입었습니까?

　　치마　‥ 여자들은 치마를 입었어요.

(2) 누가 큰 소리로 웃었나요?

　　관중　‥ 관중이 큰 소리로 웃었어요.

(3) 언제부터 하느님을 믿었습니까?

　　오래전 ‥ 오래전부터 하느님을 믿었어요.

(4) 그분은 돈이 전혀 없었습니까?

　조금 ‥ 그분은 돈이 조금 있었어요.

(5) 연극이 얼마나 재미있었어요?

　많이 ‥ 그 연극이 많이 재미있었습니다.

2 발음

웃었습니다 ⇒ [우서씀니다]		없었습니까 ⇒ [업서씀니까]	
있었어요 ⇒ [이써써요]		재미있었습니다 ⇒ [재미이써씀니다]	

3 어법

❶ 과거 형태 "-었-"의 용법

어간 모음이 "ㅏ"나 "ㅗ" 이외에 "ㅓ", "ㅣ" 등이 쓰인 동사나 형용사에는 과거 시제를 나타내는 선어말 어미 "-었-"이 쓰인다.

　예 나는 그 사람을 믿었습니다.

　　길이 넓어 졌어요.

"쓰다", "끄다", "기쁘다", "예쁘다" 등은 과거형 "-었-"과 결합할 때 축약된 형태가 쓰인다.

　예 쓰+었+다　　　⇒ 썼다.

　　끄+었+다　　　⇒ 껐다.

　　기쁘+었+습니다 ⇒ 기뻤습니다.

　　예쁘+었+습니다 ⇒ 예뻤습니다.

5.5 "−하다" 동사의 과거 표시

 **기본 유형 : "−였−"**

어제 밤에 노래를 하였어요?
　　예, 우리는 노래방에서 노래를 하였어요.

가족이 함께 여행을 하였습니까?
　　예, 가족이 함께 여행하였어요.

오늘 무슨 공부를 했습니까?
　　저는 동양의 역사를 공부했습니다.

1 발음

하였어요 ⇒ [하여써요]	하였습니까 ⇒ [하여쓰니까]
가족이 ⇒ [가조기]	여행하였어요 ⇒ [여행하여써요]
했습니까 ⇒ [해쓰니까]	공부했습니다 ⇒ [공부해쓰니다]

2 어법

❶ "−하다"류 동사/형용사의 과거 형태 "−였−"의 용법

"일하다", "복습하다", "따뜻하다" 등 "−하다"가 붙는 동사나 형용사의 과거 표시 형태는 "−였−"이다. 다만 "하였습니다"는 "했습니다"로 축약된 형태가 많이 쓰인다.

> 예³　여행하였습니다 ⇔ 여행했습니다
> 　　　사랑하였어요　⇔ 사랑했어요

"하였습니다"와 "했습니다"는 의미 차이는 없다. 다만, 일상 말에서는 "했습니다"가 자주 쓰인다.

제6과
의문형

6.1   격식 의문형 어미

 **기본 유형 : "–(스)ㅂ니까?"**

이것이 무엇입니까?
    예, 그것은 의자입니다.

이 모자가 얼마입니까?
    그 모자는 12,000원입니다.

한국어 교과서가 어디 있습니까?
    예, 한국어 교과서가 여기 있습니다.

백화점은 물건 값이 비쌉니까? 쌉니까?
    백화점 물건 값이 재래시장보다는 좀 비쌉니다.

저분이 무슨 일을 합니까?
    저분은 인쇄업을 합니다.

1 연습하기

> **보기** 이것이 무엇입니까?
> 콩 ·· 그것은 콩입니다.

(1) 저것이 무슨 산입니까?

남산 ·· 저것은 남산입니다.

(2) 그분이 무슨 일을 합니까?

목수 ·· 그분은 목수 일을 합니다.

(3) 언제 여기서 떠납니까?

다음 달 ·· 다음 달에 떠납니다.

(4) 지금 어디에 가십니까?

광화문 ·· 지금 광화문에 갑니다.

(5) 선생님이 어디에 계십니까?

교실 ·· 선생님은 교실에 계십니다.

2 어법

❶ 격식 의문형

격식적인 의문문은 "−(스)ㅂ니까?"라는 의문형 어미를 쓴다. 이 어미는 서술문의 종결 어미 형태와 비교했을 때, 어미 끝 부분의 형태만 다르다.

- **−ㅂ니까**: 지정사(이다, 아니다), 형용사, 동사 등의 어간 끝 소리가 모음일 때 쓰인다.

> 예 이것이 모자입니까?
> 저 물건이 비쌉니까?
> 저 사람이 어디 갑니까?

· **-습니까**: 존재사(있다, 없다), 형용사, 동사 등의 어간 끝 소리가 자음일 때 쓰인다.

> 예   시간이 있습니까?
>
>   어제 어디에 가셨습니까?

의문문은 대화할 때 문장 끝에 올림 억양을 두고 발음한다. 이는 그런 억양이 없이 발음하는 서술문과 구별되는 차이점이다.

6.2   비격식 의문형 어미

 **기본 유형 : -아/어요?, -지요?, -나요?**

아들이 졸업식 때 상을 받아요?
    예, 아들이 졸업식 때 상을 받아요.

그 사람이 집에 왔어요?
    아니요, 그 사람이 집에 안 왔어요.

그들이 지금 어디 있나요?
    그들은 지금 외국에 있어요.

자녀들이 아빠를 사랑해요?
    물론, 자녀들이 아빠를 사랑하지요.

이 그림을 누가 그렸지요?
    그 그림은 유명한 화가가 그렸어요.

---

1 연습하기

> **보기** 그가 자기 짝을 기다려요?
>   예, 그는 자기 짝을 기다려요.

(1) 그가 부모에게 편지를 자주 써요?

예, 그는 부모에게 편지를 자주 써요.

(2) 그 여자가 이 옷을 백화점에서 샀어요?

아니요, 그 여자는 그 옷을 백화점에서 사지 않았어요.

(3) 방에 들어갈 때는 신발을 벗지요?

예, 방에 들어갈 때는 신발을 벗지요.

(4) 그 도적이 이 문으로 도망쳤나요?

아니요, 그 도적은 이 문으로 도망치지 않았어요.

(5) 주인이 월급을 많이 주지요?

아니요, 주인은 월급을 많이 주지 않아요.

2 발음

받아요 ⇒ [바다요]		왔어요 ⇒ [와써요]
있나요 ⇒ [인나요]		있어요 ⇒ [이써요]
그렸지요 ⇒ [그려찌요]		그렸어요 ⇒ [그려써요]
않았어요 ⇒ [아나써요]		않아요 ⇒ [아나요]

3 어법

❶ 비격식 의문형

비격식 의문문의 어미는 비격식 서술문과 형태적으로 동일하다. 다만, 문장 끝에 의문 부호(?)를 붙이고 실제 대화에서는 문장 끝에 올림 억양을 두어 의문문임을 표시한다.

예 나는 그 사람을 자주 **만나요**.　　(비격식 서술문)

그 사람을 자주 **만나요?**　　　　(의문부호가 쓰인 비격식 의문문)

6.3 추정 의문형 어미

 **기본 유형 : "-(으)ㄹ까요?"**

그 비행기가 정시에 도착할까요?

　예, 그 비행기가 정시에 도착할 겁니다.

우리 편이 몇 대 몇으로 이길까요?

　우리 편이 삼 대 일로 이길 거예요.

내일 날씨가 좋을까요?

　아니요, 내일 날씨는 좋지 않을 겁니다.

1 연습하기

> **보기**　기차가 서울역에 정시에 도착할까요?
>
> 　　　예, 기차가 서울역에 정시에 도착할 거예요.

(1) 내일 눈이 올까요?

　　아마 비가 올 거예요.

(2) 이 난초가 언제 꽃이 필까요?

　　며칠 있으면 필 거예요.

(3) 이 수돗물이 깨끗할까요?

　　아마 깨끗할 거예요.

(4) 올 겨울은 따뜻할까요?

　　　예, 올 겨울은 따뜻할 거예요.

(5) 이 떡이 맛있을까요?

　　　예, 아주 맛있을 거예요.

2 발음

올 거예요	⇒ [올 꺼예요]	꽃이	⇒ [꼬치]
수돗물이	⇒ [수돈무리]	깨끗할	⇒ [깨끄탈]
따뜻할 거예요	⇒ [따뜨탈 꺼예요]		
맛있을까요	⇒ [마디쓸까요/마시쓸까요]		

3 어법

❶ "-ㄹ까요"와 "-을까요의 용법

　"-ㄹ까요"와 "-을까요"는 청자의 추정이나 짐작을 물어보는 의문형 어미이다. 청자가 문장에 안 나타나는 경우가 많지만, 청자가 어떻게 생각하는지 물어보는 것이다.
　또 유의할 점은 서술어가 존재사(있다, 없다)나 형용사 또는 일부 자동사일 때만 이런 추정의 의미가 드러난다는 점이다.

　　　예〉　내일 날씨가 흐릴까요?
　　　　　　사람들이 많이 모일까요?

❷ "-(으)ㄹ거예요"

　추정 내용을 나타낼 때는 "-ㄹ 거예요" 또는 "-을 거예요"와 같이 축약형을 쓰는 일이 있다. 이것은 "-(으)ㄹ 것입니다"의 축약형이다.

　　　예〉　그 여자 아이가 착할까요?
　　　　　　예, 착할 것입니다./착할 거예요.

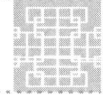

6.4 의향이나 허락을 묻는 질문

 **기본 유형 : -(으)ㄹ까요?**

선생님, 제가 먼저 떠날까요?
　　그래요, 먼저 떠나요.

이것을 서랍에 둘까요?
　　그래요, 그것을 서랍에 두세요.

무슨 책을 읽을까요?
　　한국 문화사를 읽으세요.

이 사과를 깎을까요?
　　예, 그 사과를 잘 깎으세요.

1 연습하기

보기	이 택시를 탈까요?
	그래요, 그 택시를 타세요.

(1) 오후에는 어디로 갈까요?
　　　시내로 가세요.

(2) 남산에 올라갈까요?
　　　예, 남산에 올라가세요.

(3) 이 식당에 들어갈까요?
　　　예, 그 식당에 들어가세요.

(4) 무엇을 마실까요?
　　　예, 수정과를 드세요.

(5) 저녁에는 무엇을 할까요?

　　　　예, 저녁에는 숙제를 하세요.

2 어법

❶ 청자의 허락이나 지시를 물어보는 질문

동사가 행동을 나타낼 때는 "-(으)ㄹ까요"가 그것에 대하여 청자가 어떤 의향을 가지고 있는지 물어보는 것이다.

　　　예 제가 겨울 양복을 맞출까요?　　　(청자의 의향을 묻는다)

　　　　　예, 겨울 양복을 맞추세요.　　(허락 또는 지시)

❷ 청자와 같이 행동할 것을 제안하는 "(으)ㄹ까요?"

"-(으)ㄹ까요?"는 청자에게 허락을 물어보는 뜻 이외에 행동을 같이 하자는 제안을 하는 뜻이 있다. 이럴 때는 그 상황에 따라 다음과 같이 대답한다.

　　　예 저 산에 올라갈까요?　　　　　(같이 하자는 제안)

　　　　　예, 저 산에 올라갑시다.　　(같이 행동하겠다는 의미)

명령형

7.1 명령 또는 요청의 격식 표현

기본 유형 : −(으)십시오

어서 오십시오.

안으로 들어오십시오.

여기에 앉으십시오.

웃옷을 벗으십시오.

이야기하십시오.

1 연습하기

> **보기** 어디로 갈까요?
>
> 　　　오른쪽 ‥ 오른쪽으로 가십시오.

(1) 언제 올까요?

　　모레 ‥ 모레 오십시오.

(2) 어디에 이름을 쓸까요?

여기 ‥ 여기에 이름을 쓰십시오.

(3) 언제 떠날까요?

다음 달 ‥ 다음 달에 떠나십시오.

(4) 언제 따라 갈까요?

지금 ‥ 지금 따라 오십시오.

(5) 어디에서 기다릴까요?

여기에서 ‥ 여기에서 기다리십시오.

2 발음

앉으십시오 ⇒ [안즈십씨오]   웃옷을 ⇒ [우도슬]

벗으십시오 ⇒ [버스십씨오]

3 어법

❶ 격식적인 명령형의 용법

"(으)십시오" ("으십시오"와 "십시오"의 결합형)는 격식적인 명령형의 높임꼴이다. 동사 어간에 이 어미를 덧붙이면 상대방이 어떤 행동을 해 줄 것을 바라는 뜻이 된다.

예 이리 오십시오. (이 쪽으로 오기를 바라는 뜻이다)

윗사람에게는 "명령"이라는 말보다는 "요청"의 뜻으로 이해해야 할 것이다. 다만, 전통적인 어법 용어로는 "명령법" 또는 "명령형"이라 부른다. 명령형은 동사에만 가능하고 형용사, 지정사 등에는 쓸 수 없다.

· "−**십시오**": 동사 어간 끝소리가 모음으로 끝날 때 쓴다

예 여기서 기다리십시오.

· **"-으십시오"**: 동사 어간 끝소리가 자음으로 끝날 때 쓴다.

예 이 글을 읽으십시오.
    제 손을 꼭 잡으십시오.

7.2 명령 또는 요청의 비격식 표현

기본 유형 : -(으)세요

저를 따라 하세요.
저를 따라 오세요.
여기를 보세요.
여기에 주소와 이름을 쓰세요.
이것을 받으세요.
여기 앉으세요.
눈을 감으세요.

 1 연습하기

보기 여기에서 잠깐 쉴까요?
     예, 거기에서 좀 쉬세요.

(1) 저 창문을 좀 닫을까요?
     예, 창문을 닫지요.

(2) 이 옷을 입을까요?

　　　그 옷을 입으세요.

(3) 이 신발을 신을까요?

　　　그 신발을 신으세요.

(4) 이 문으로 나갈까요?

　　　그 문으로 나가세요.

(5) 어디에서 잘까요?

　　　이 방에서 주무세요.

2 발음

받으세요	⇒ [바드세요]	입으세요	⇒ [이브세요]
신으세요	⇒ [시느세요]	벗으세요	⇒ [버스세요]
웃옷을	⇒ [우도슬]		

3 어법

❶ 비격식 명령형 "(으)세요"의 용법

"-세요"는 어간의 끝음절이 모음으로 끝난 동사의 어미이며, "-으세요"는 어간의 끝음절이 자음으로 끝난 동사의 명령형 어미이다. 일상 회화에서는 윗분에게 많이 쓰인다. "-세요/-으세요"는 "-십시오/-으십시오"와 존대 등급이나 의미 차이는 거의 없으므로 서로 교체하여 쓸 수 있다.

② 동사 어간 끝이 모음일 때 쓰이는 명령형

모음 동사 어간	-십시오	-세요
기다리다	기다리십시오	기다리세요
사다	사십시오	사세요
공부하다	공부하십시오	공부하세요
쓰다	쓰십시오	쓰세요
보내다	보내십시오	보내세요
부치다	부치십시오	부치세요

③ 동사 어간 끝이 자음일 때 쓰이는 명령형

자음 동사어간	-으십시오	-으세요
받다	받으십시오	받으세요
벗다	벗으십시오	벗으세요
믿다	믿으십시오	믿으세요
잡다	잡으십시오	잡으세요
웃다	웃으십시오	웃으세요
닦다	닦으십시오	닦으세요

〈금지 표시판〉

7.3 명령형의 부정 표현

 **기본 유형 : -지 마십시오/마세요**

여기에 앉을까요?

　거기에 앉지 마십시오.

이 물을 마실까요?

　그 물을 마시지 마십시오.

여기에서 기다릴까요?

　저를 기다리지 마세요.

여기서 수영할까요?

　거기서 수영하지 마세요.

이 꽃을 꺾을까요?

　그 꽃을 꺾지 마세요.

여기서 사진을 찍을까요?

　거기서 사진을 찍지 마세요.

1 연습하기

> **보기**　여기에서 담배를 피우면 안 됩니까?
>
> 　　　여기에서 담배를 피우지 마십시오./마세요.

(1) 여기에서 기다리면 안 됩니까?

　　여기에서 기다리지 마십시오/마세요.

(2) 차 안에서 술을 마시면 안 됩니까?

　　차 안에서 술을 마시지 마십시오/마세요.

(3) 여기에서 자면 안 됩니까?

　　　여기에서 자지 마십시오/마세요.

(4) 여기에서 달리면 안 됩니까?

　　　여기에서 달리지 마십시오/마세요.

(5) 밤중에 전화하면 안 됩니까?

　　　밤중에 전화하지 마십시오/마세요.

2 발음

앉지 마십시오	⇒ [안찌 마십씨오]	밤중에	⇒ [밤쭝에]
앉을까요	⇒ [안즐까요]	앉지	⇒ [안찌]
꽃을	⇒ [꼬츨]	꺾을까요	⇒ [꺼끌까요]

3 어법

❶ 명령형의 부정형: ㅡ지 마세요/마십시오

　　명령법의 부정형에는 "ㅡ지 마세요/ ㅡ지 마십시오" 형태만 쓰인다. "ㅡ지 않다", "ㅡ지 못하다"는 명령형의 부정으로 쓰이지 않는다.

메모하세요

제8과
청유형

8.1 격식 청유형

 **기본 유형 : −(으)ㅂ시다**

방에 들어갑시다.

여기에서 기다립시다.

한복을 입읍시다.

이 잡지를 읽읍시다.

서로 사랑합시다.

어려운 이웃을 보살핍시다.

건강에 좋은 음식을 먹읍시다.

1 연습하기

> **보기**　여기에서 물건을 살까요?
> 　　　　여기에서 물건을 삽시다.

(1) 함께 노래를 부를까요?
　　함께 노래를 부릅시다.

(2) 여기에서 더 기다릴까요?
　　여기에서 더 기다립시다.

(3) 주말에 시골을 방문할까요?
　　주말에 시골을 방문합시다.

(4) 광화문역에서 만날까요?
　　광화문역에서 만납시다.

(5) 창경궁을 구경할까요?
　　창경궁을 구경합시다.

2 어법

❶ 격식 청유형의 용법

청유형은 상대방에게 함께 행동하기를 권유하는 말이다. 청유형은 명령형과 마찬가지로 동사에만 쓸 수 있다.

　　• "－ㅂ**시다**": 동사 어간의 끝음절이 모음으로 끝난 경우에 쓴다.

　　　예　함께 갑시다.
　　　　　같이 떠납시다.
　　　　　이제 일합시다.
　　　　　좀 쉽시다.

· **-읍시다**: 동사 어간의 끝음절이 자음으로 끝난 경우에 쓴다.

> 예 여기에 앉읍시다.
> 고기를 잡읍시다.
> 밥을 먹읍시다.
> 고전을 많이 읽읍시다.

8.2 비격식 청유형

 **기본 유형 : -(으)시지요**

안으로 들어가시지요.
여기에서 잠깐 이야기하시지요.
함께 밖으로 나가시지요.
이 일을 같이 맡으시지요.
저와 함께 가시지요.
저를 따라 오시지요.
이 음식을 좀 더 드시지요.

1 연습하기

> 보기 여기에서 같이 운동을 하시지요.
> 　　　예, 운동을 같이 하십시다.

(1) 이 노래를 함께 부르시지요.
　　　예, 함께 노래를 부릅시다.

(2) 여기에서 모두 신발을 벗으시지요.

　　모두 신발을 벗읍시다.

(3) 함께 시합을 하시지요.

　　함께 시합을 합시다.

(4) 여기에서 다 같이 손발을 씻으시지요.

　　다 같이 손발을 씻읍시다.

(5) 우리 함께 나무를 심으시지요.

　　함께 나무를 심읍시다.

2 발음

안으로	⇒ [아느로]	밖으로	⇒ [바끄로]
맡으시지요	⇒ [마트시지요]	씻읍시다	⇒ [씨습씨다]

3 어법

❶ 비격식 청유형의 용법

　상대방에게 함께 행동하기를 제의하는 청유법이다. "-시지요" 또는 "-으시지요"는 "-(으)ㅂ시다"보다 정중한 말씨이다. 청유형에는 "함께", "같이" 등의 부사를 쓰는 것이 좋다. 일반 명령법과 더 확실히 구분할 수 있기 때문이다.

　　예 함께 떠납시다.

　　　　같이 떠나시지요.　　　　("-ㅂ시다"보다 더 정중한 말이다)

　　　　함께 듭시다.

　　　　같이 드시지요.　　　　("-ㅂ시다"보다 더 정중한 말이다)

　　　· -**시지요**: 동사 어간의 끝음절이 모음일 때 쓴다.

　　　· -**으시지요**: 동사 어간의 끝음절이 자음일 때 쓴다.

반말 청유형

 **기본 유형 : -아, -어, -여, -지, -자**

여기에 함께 앉아.
그 일을 함께 해.
여기에서 같이 기다려.
여기에서 함께 쉬어.
이 차를 같이 타지.
시장에 같이 가.
모두 함께 따라해.
우리는 같이 떠나자.
저 영화를 함께 봐.

1 연습하기

> **보기** 여기에서 함께 공부할까?
>   그래, 함께 공부해.

(1) 저기에서 같이 놀까?
     그래, 같이 놀아.

(2) 노점에서 조금만 같이 마실까?
     그래, 조금만 같이 마셔.

(3) 이제 그만 일어날까?
     그래, 그만 일어나.

(4) 여기에서 그 사람을 같이 만날까?
     그래, 여기에서 같이 만나자.

(5) 이 계단을 같이 올라갈까?

　　　그래, 같이 올라가지.

2 어법

❶ 반말체 청유형 "－아", "－어", "－여", "－지"의 용법

"－아", "－지" 등 어미를 써서 반말체 청유형을 만들 때는 "함께", "같이" 등을 쓰면 더 확실한 청유형이 된다.

　　예　여기에 잠깐 같이 앉아.

　　　　숙제를 같이 끝내지.

❷ 낮춤 청유형 "－자"의 용법

동사의 어간 뒤에 청유형 어미 "－자"를 붙여 쓰면 낮춤 청유형이 된다. 이것은 반말체보다 더 낮은 말씨이므로 친한 친구나 아랫사람에게 사용할 수 있다. 이 낮춤 청유형은 "함께", "같이" 등을 동시에 쓰지 않아도 바로 청유형임을 알 수 있다.

　　예　이제 학교에 가자.

　　　　교실로 들어가자.

　　　　오후에 백화점에 가자.

　　　　미술 전시회를 관람하자.

　　　　이제 공부를 시작하자.

　　　　이제 일을 그만 하자.

　　　　저 택시를 타자.

　　　　그만 집으로 돌아가자.

8.4 부정 청유형

 **기본 유형 : -지 맙시다**

문을 닫을까요?

　아직 문을 닫지 맙시다.

이 약을 먹을까요?

　그런 약을 먹지 맙시다.

이제 떠날까요?

　지금 떠나지 맙시다.

저녁에 술을 마실까요?

　저녁에 술을 마시지 맙시다.

---

1 연습하기

> **보기**　여기에서 담배를 같이 피울까요?
>
> 　　　　아니요, 여기에서 담배를 피우지 맙시다.

(1) 여기에서 양말을 살까요?

　　아니요, 여기에서 양말을 사지 맙시다.

(2) 여기에서 저 차를 탈까요?

　　아니요, 여기에서 저 차를 타지 맙시다.

(3) 여기에서 그 사람을 부를까요?

　　아니요, 그 사람을 부르지 맙시다.

(4) 지금 저 산에 올라갈까요?

　　아니요, 지금 저 산에 올라가지 맙시다.

(5) 지금 아래로 내려갈까요?

　　　아니요, 지금 아래로 내려가지 맙시다.

2 어법

청유형의 존대 부정형에는 "-지 맙시다"를 쓴다.

 예³ 그분을 지금 만나지 맙시다.

　　　시간이 없으니까 더 이상 놀지 맙시다.

　　　너무 바쁘니까 다음에 봅시다.

　　　실내에서는 담배를 피우지 맙시다.

　　　수업 시간에는 전화기를 만지지 맙시다.

8.5 부정 청유형의 낮춤

기본 유형 : -지 말자

여기에서 이야기할까?

여기서는 이야기 하지 말자.

남 흉보는 말을 하지 말자.

약속을 어기는 사람은 사귀지 말자.

우리는 서로 미워하지 말자.

부모님의 은혜를 잊지 말자.

남의 실수를 함부로 말하지 말자.

1 연습하기

> **보기** 여기에서 같이 노래를 부를까?
>
> 아니야, 여기서는 노래를 부르지 말자.

(1) 백화점에서 멋있는 옷을 살까?

   아니야, 백화점에서는 멋있는 옷을 사지 말자.

(2) 여기에서 지하철을 탈까?

   아니야, 여기에서 지하철을 타지 말자.

(3) 오늘 시골로 떠날까?

   아니야, 오늘은 시골로 떠나지 말자.

(4) 지금 남산에 올라갈까?

   아니야, 지금은 남산에 올라가지 말자.

(5) 더 위층으로 올라갈까?

   아니야, 더 위층으로 올라가지 말자.

2 어법

❶ 낮춤 부정형 "-지 말자"의 용법

> **예** 오늘 모이지 말자.
>
> 여기에서 떠들지 말자.
>
> 남을 욕하지 말자.
>
> 남을 원망하지 말자.
>
> 자신의 마음을 속이지 말자.
>
> 악의적인 거짓말을 하지 말자.
>
> 오늘 할 일을 내일로 미루지 말자.
>
> 죄는 미워하되 사람은 미워하지 말자.

"-지 말자"라는 어법은 낮춤 청유형에 두루 쓰인다. 이런 말의 표현은 친구나 아랫사람의 제의를 부정하는 말씨이다. 일반인에게 교훈적인 내용을 알리는 말로도 쓰인다.

메모하세요

제9과
의도 표시

9.1 화자의 의도 표시

 기본 유형 : -겠-

지금 떠나시지요?

　　예, 지금 바로 떠나겠습니다.

언제 돌아오시겠어요?

　　모레 돌아오겠어요.

언제 우리 집에 오시지요?

　　이틀 후에 댁에 방문하겠습니다.

저는 약속을 꼭 지키겠습니다.

1 연습하기

> **보기** 언제 사장을 만나시지요?
>
> 주말 ·· 저는 주말에 사장을 만나겠습니다.

(1) 언제 운동 연습을 하시지요?

저녁   ·· 저는 저녁에 운동 연습을 하겠습니다.

(2) 언제 점심 식사를 하시지요?

오후 1시 ·· 오후 1시에 점심 식사를 하겠습니다.

(3) 몇 시에 회의를 시작하지요?

아침 10시 ·· 아침 10시에 회의를 시작하겠습니다.

(4) 저녁 몇 시에 연주를 시작하지요?

저녁 7시 ·· 저녁 7시에 연주를 시작하겠습니다.

(5) 오늘 밤 몇 시에 집에 돌아오시나요?

밤 10시   ·· 밤 10시에 집에 돌아오겠습니다.

2 발음

> 떠나겠습니다 ⇒ [떠나게씀니다]   돌아오겠습니다 ⇒ [도라오게씀니다]
> 만나겠습니다 ⇒ [만나게씀니다]   시작하겠습니다 ⇒ [시작하게씀니다]
> 약속   ⇒ [약쏙]

3 어법

❶ 화자의 의도 표시 〈화자 + 동사 어간 + 겠〉

의도 표시란 화자가 문장의 주어(행동자)가 될 때, 화자 자신의 의도를 나타내는 말씨다.

    예   나는 그 남자를 만나겠습니다. ("나"는 이 문장의 주어이고 행동자다.)

저는 내일 돌아오겠습니다. ("저"는 이 문장의 주어이고 행동자다.)

9.2 청자의 의도 질문

 **기본 유형 : -(시)겠습니까?, -(시)겠어요?**

내일 시골로 떠나시겠습니까?

    예, 시골로 떠나겠어요.

지금 시내로 출발하시겠습니까?

    예, 지금 시내로 출발하겠습니다.

언제 댁에 돌아오시겠습니까?

    3일 후에 집에 돌아오겠어요.

지금 누구를 만나시겠어요?

    예, 고향 친구를 만나겠어요.

1 연습하기

> **보기** 가게에서 무엇을 사시겠습니까?
>
>   치약과 칫솔 ‥ 치약과 칫솔을 사겠습니다.

(1) 점심 때 무엇을 드시겠습니까?

    냉면   ‥ 점심 때 냉면을 먹겠습니다.

(2) 내일 무엇을 사시겠어요?

    겨울 내복 ‥ 내일 겨울 내복을 사겠습니다.

(3) 오늘 밤에 무슨 공부를 하시겠습니까?

    예습과 복습 ‥ 오늘밤에 예습과 복습을 하겠습니다.

(4) 언제 강원도를 관광하시겠습니까?

다음 주 ‥ 다음 주에 강원도를 관광하겠습니다.

(5) 오늘 밤에는 어디에서 묵으시겠습니까?

여관 ‥ 오늘 밤에는 여관에서 묵겠습니다.

2 발음

칫솔	⇒ [치쏠]	사겠습니까	⇒ [사게씀니까]
돌아오겠습니까	⇒ [도라오게씀니까]	돌아오겠어요	⇒ [도라오게써요]
묵으시겠습니까	⇒ [무그시게씀니까]		

3 어법

❶ 청자의 의도 질문

청자의 의도를 물을 때는 동사의 어간 뒤에 "-겠-"을 붙여 쓰며, 이 경우에는 청자가 문장의 주어임과 동시에 행동자가 될 수 있어야 한다.

> 예) 김 선생은 친구 집을 방문하시겠습니까?
> (화자가 청자의 의도를 묻는다)
> 선생님, 내일 몇 시까지 여기에 오시겠습니까?
> (청자의 의도를 묻는다)

❷ 추정의 표시

화자가 자신의 의도를 나타내지 않거나, 청자의 의도를 묻지 않을 때는 "-겠-"이 의도를 나타내지 않고, 미래 추정의 뜻을 나타낸다.

> 예) 오늘 오전에는 날씨가 흐리겠습니다.
> ("오늘 오전"은 청자나 화자가 아니다)
> 내일 오후에는 바람이 불겠습니다.
> ("내일 오후"는 청자나 화자가 아니다)

그 사람이 내일 오겠습니다.　　("그 사람"은 청자나 화자가 아니다)

이번 주말에는 비가 오겠습니다.　("비"는 화자나 청자가 아니다)

9.3 윗사람에 대한 의도 질문

 기본 유형 : -시겠습니까?

판소리 공연 장면

무슨 노래를 부르시겠습니까?
　　저는 애국가를 부르겠습니다.

선생님은 무엇을 드시겠습니까?
　　저는 국수를 먹겠습니다.

회장님은 언제 출국하시겠습니까?
　　나는 3일 후에 출국하겠습니다.

1 연습하기

> 보기　이 신발을 사시겠습니까?
> 　　　　예, 그 신발을 사겠습니다.

(1) 모레 떠나시겠습니까?

　　　예, 모레 떠나겠습니다.

(2) 다음 달에 외국에 가시겠습니까?

　　　예, 다음 달에 외국에 가겠습니다.

(3) 이 신문을 읽으시겠습니까?

　　　예, 그 신문을 읽겠습니다.

(4) 외국 친구에게 편지를 보내시겠습니까?

　　　예, 외국 친구에게 편지를 보내겠습니다.

(5) 오늘 밤에 연속극을 보시겠습니까?

　　　예, 오늘 밤에 연속극을 보겠습니다.

2 어법

❶ 윗사람의 의도 질문

윗사람의 행동이나 의도를 물어볼 때는 동사의 어간과 어미 사이에 "-(으)시-"를 삽입한다. 아랫사람에게는 그런 존대 표시 형태를 삽입하지 않는다.

> 예 선생님, 언제 떠나시겠습니까?
> (윗분인 선생님에게 의도를 질문하므로 "-(으)시-"를 첨가한다.)
> 철수야, 너는 언제 떠나겠니?
> (아랫사람에게 한 말이므로 "-(으)시-"를 삽입하지 않는다)

동사의 어간이 모음으로 끝날 때는 "-시-"를 삽입하고, 동사 어간이 자음으로 끝날 때는 "-시-" 대신에 "-으시-"를 쓴다.

> 예 선생님, 내일 떠나<u>시</u>겠습니까?
> 그래, 나는 내일 떠나겠다.
> 할아버지, 이 두루마기를 입<u>으시</u>겠습니까?
> 아니, 두루마기는 안 입겠다.

❷ 존대 표시 어휘의 관용형

일부 명사나 동사 및 존재사는 "-(으)시-"를 삽입하지 않고, 존대어로 쓰이는 단어가 따로 있어서 그 단어 자체가 존대를 나타낸다. 가령, "진지", "치아", "드시다", "잡수시다", "주무시다", "계시다" 등의 단어는 본래 높임의 뜻을 지니고 있는 말이다.

그밖에 윗분의 성함이나 직함에는 "-님"이 첨가된다.

・-님: 존대할 인물 뒤에 붙이는 존대 접미사이다.

> 예） 아버님, 어머님, 형님, 누님, 선생님, 스승님, 은사님, 원장님, 신부님, 주교님, 목사님, 스님, 하느님, 예수님 상제님, 부처님, 장군님, 대장님, 사장님, 회장님,, 교수님, 박사님, 학장님, 총장님, 이사장님 …

메모하세요

제10과
수식어

10.1 | 동작 수식어

 **기본 유형 : 잘, 빨리, 천천히, 일찍, 늦게**

유미가 줄넘기를 잘 합니까?

　예, 유미는 줄넘기를 잘 합니다.

이상화 선수는 대단히 빨리 달리지요?

　예, 이상화 선수는 정말 빨리 달리지요.

그 사람은 밥을 천천히 먹지요?

　예, 그는 밥을 천천히 먹어요.

부지런한 사람은 아침에 일찍 일어납니까?

　예, 부지런한 사람은 아침에 일찍 일어납니다.

게으른 사람도 아침에 일찍 일어납니까?

　아니요, 게으른 사람은 늦게 일어납니다.

1 연습하기

> **보기** 가수 싸이는 말춤을 잘 추지요?
>   예, 싸이는 말춤을 잘 춥니다.

(1) 진수는 아침에 늦게 일어납니까?
      예, 진수는 아침에 늦게 일어납니다.

(2) 수미는 먼저 떠났습니까?
      예, 수미는 먼저 떠났습니다.

(3) 진수는 아침에 항상 우유를 마십니까?
      예, 진수는 아침에 항상 우유를 마십니다.

(4) 진수는 열심히 일을 합니까?
      아니요, 진수는 열심히 일을 하지 않습니다.

(5) 벚꽃이 벌써 피었습니까?
      아니요, 벚꽃이 아직 피지 않았습니다.

2 발음

> 꽃이 ⇒ [꼬치]   줄넘기   ⇒ [줄넘끼]
>
> 늦게 ⇒ [느께]   않았습니다 ⇒ [아나씀니다]

3 어법

❶ 동작 수식어 용법

동작 수식어는 동사 앞에서 그 동사가 나타내는 동작의 모습을 꾸며 주는 역할을 한다.

> 예 어린이가 **빨리** 뛰어갑니다.
>   노인이 **천천히** 걷습니다.
>   선생님이 한국어를 **잘** 가르칩니다.

학생이 학교에 **일찍** 갑니다.

이런 동작 수식어는 형용사를 직접 수식하지 못한다.

 *그 아이는 **잘** 예쁘다.
* 그 사람은 **천천히** 믿다.

10.2 형용사의 정도 수식어

🪭 기본 유형 : 매우, 아주, 너무, 꽤

영미는 매우 똑똑하지요?
　예, 영미는 매우 똑똑해요.

이 책은 참 재미있지요?
　예, 이 책은 아주 재미있어요.

저 차가 너무 느리지요?
　예, 저 차는 너무 느려요.

이 물건이 꽤 비싸지요?
　예, 이 물건은 꽤 비쌉니다.

1 연습하기

> **보기** 이 교실이 깨끗하지요?
>
> 매우 ·· 이 교실은 매우 깨끗합니다.

(1) 이 구두가 작지요?

  너무   ·· 이 구두는 너무 작습니다.

(2) 강물이 차지요?

  상당히 ·· 강물이 상당히 찹니다.

(3) 시장이 복잡하지요?

  아주   ·· 시장이 아주 복잡합니다.

(4) 교양 있는 사람들은 정직하지요?

  대체로 ·· 교양 있는 사람들은 대체로 정직합니다.

(5) 사람들이 많지요?

  참   ·· 사람들이 참 많습니다.

(6) 저 사람이 예쁘지요?

  정말   ·· 저 사람은 정말 예쁩니다.

(7) 저 과일이 예쁘고 맛있지요?

  대단히 ·· 저 과일은 대단히 예쁘고 맛있습니다.

2 발음

깨끗합니다	⇒ [깨끄탐니다]	많습니다	⇒ [만씀니다]
작지요	⇒ [작찌요]	찹니다	⇒ [참니다]
많습니다	⇒ [만씀니다]	복잡합니다	⇒ [복짜팝니다]
정직합니다	⇒ [정지캄니다]		
맛있습니다	⇒ [마디씀니다/마시씀니다]		

3 어법

❶ 형용사의 수식 정도

상태 정도 수식어는 형용사의 표현 정도를 가리킨다. "아주 예쁘다"의 "아주"는 "예쁘다"의 표현 정도를 강조하는 것이다. 다만, "너무"라는 부사는 '정도가 지나치다'는 뜻이므로 "너무 좋다"나 "너무 예쁘다" 등은 이치에 맞지 않으므로 안 쓰는 것이 좋다. 한국사람 중에도 "너무"를 남용하는 이들이 있으므로 무턱대고 따를 필요가 없다.

10.3 동작 수식어의 강조

 **기본 유형 : 매우, 아주**

수미는 매우 열심히 일합니까?
민수는 아주 빨리 달립니다.
좀 천천히 가십시오.
저 아이는 물을 너무 많이 마십니다.
수미는 한국어를 퍽 잘 합니다.
술을 너무 많이 마시면 몸에 해롭습니다.

1 연습하기

> 보기 자동차가 빨리 달리지요?
>
> 너무 ‥ 자동차가 너무 빨리 달립니다.

(1) 노동자들이 많이 모였지요?

아주   ‥ 노동자들이 아주 많이 모였습니다.

(2) 할아버지께서는 아침에 일찍 일어나시지요?

대단히 ‥ 대단히 일찍 일어나십니다.

(3) 그가 부지런히 일하지요?

퍽   ‥ 그는 퍽 부지런히 일합니다.

(4) 사람들이 많이 모여 큰 소리로 외치지요?

너무   ‥ 사람들이 너무 큰 소리로 외칩니다.

(5) 그가 한국어를 열심히 공부하지요?

아주   ‥ 그는 한국어를 아주 열심히 공부합니다.

3 어법

❶ 정도 수식어의 용법

정도 수식어는 동작 수식어를 다시 강조해서 수식한다. 정도 수식어 "매우"는 동작 수식어 "잘"의 정도를 더욱 강조한다. "아주"는 빨리, 많이 등의 수식어를 더욱 더 강조한다.

이러한 정도 수식어는 형용사의 정도 수식어와 동일한 것이다. 정도 수식어는 형용사의 수식 정도를 가감할 뿐 아니라, 동작 수식어의 정도를 강조하는 것이다.

> 예 날씨가 매우 따뜻합니다.
>
> 경주마는 매우 잘 달립니다.

위와 같이 하나의 정도 수식어가 형용사와 동작 수식어로 두루 쓰일 수 있다. 유의할 점은 이와 같은 정도 수식어는 동사를 직접 수식하지는 못한다는 점이다.

예　*그는 매우 달립니다.
　　그는 **매우 빨리** 달립니다.
　　*그는 아주 공부합니다.
　　그는 <u>아주 열심히</u> 공부합니다.

10.4 ｜ 최상 정도 수식어

 **기본 유형 : 가장, 제일**

서울에서 어떤 건물이 가장 높습니까?
　현재로는 63빌딩이 가장 높지요.

영미 씨는 무슨 음식이 제일 맛있지요?
　나는 보쌈김치가 제일 맛있어요.

영미 씨는 무슨 옷이 가장 좋지요?
　저는 비단 옷이 가장 좋습니다.

1 연습하기

> **보기**　무슨 노래가 가장 좋지요?
> 　　　　판소리 ‥ 판소리가 가장 좋아요.

(1) 무슨 운동이 제일 좋지요?
　　태권도 ‥ 태권도가 제일 좋아요.

(2) 우리나라에서 어떤 산이 가장 높지요?
　　백두산 ‥ 백두산이 가장 높아요.

(3) 어느 나라 요리가 제일 유명하지요?

　　중국 요리 ‥ 중국 요리가 제일 유명하지요.

(4) 어떤 문자가 세계에서 으뜸가지요?

　　한글　　‥ 한글이 세계에서 가장 으뜸가지요.

(5) 현재는 미국이 가장 부유한 나라입니까?

　　예, 현재는 미국이 가장 부유한 나라입니다.

　　중국　　‥ 앞으로 중국이 가장 부유한 나라가 될 것입니다.

2 발음

> 맛있지요 ⇒ [마디찌요/마시찌요]
>
> 높지요 ⇒ [놉찌요]　　　　　　　　높습니다 ⇒ [놉씀니다]
>
> 좋지요 ⇒ [조치요]　　　　　　　　좋습니다 ⇒ [조씀니다]

3 어법

❶ 최고 정도 수식어

최고 정도 수식어는 형용사의 수식 정도를 최고로 강조한다. 주로, "가장, 제일, 최고로" 따위가 쓰인다.

> 예　무슨 물건이 가장 비쌉니까?
>
> 　　이 아이가 제일 착합니다.
>
> 　　그는 최고로 인기가 있습니다.

제11과
방향, 수단, 자격 표시 조사

11.1 | 방향 표시 조사

 기본 유형 : −(으)로

어디로 떠납니까?

　　시골로 떠납니다.

언제 이곳으로 돌아오십니까?

　　일주일쯤 있다가 여기로 돌아올 예정입니다.

외국으로 파견 근무를 나가신다고요?

언제 본국으로 돌아오십니까?

　　내년에 서울로 돌아오겠습니다.

1 연습하기

> **보기** 우리가 산으로 등산을 갑니까?
>
> 바다 ‥ 우리는 바다로 낚시하러 갑니다.

(1) 시내로 이사합니까?

변두리 ‥ 아니요, 변두리로 이사합니다.

(2) 강북으로 이사 갑니까?

강남 ‥ 아니요, 강남으로 이사 갑니다.

(3) 경복궁으로 갑니까, 덕수궁으로 갑니까?

박물관 ‥ 저는 박물관으로 갑니다.

(4) 이태원으로 갑니까, 남대문 시장으로 갑니까?

남대문 시장 ‥ 남대문 시장으로 갑니다.

(5) 그 배가 중국으로 떠납니까, 동남아로 떠납니까?

중국 ‥ 그 배는 중국으로 떠납니다.

2 발음

한국으로 ⇒ [한구그로]	강남으로 ⇒ [강나므로]
경복궁 ⇒ [경보꿍]	박물관 ⇒ [방물관]
갑니다 ⇒ [감니다]	떠납니다 ⇒ [떠남니다]

3 어법

❶ 방향 표시어의 용법

"−(으)로"는 체언에 결합되어 어떤 용언의 행동이나 움직임의 방향을 나타내는 수식어(부사) 또는 조사로 쓰인다. 대개 "떠나다, 출발하다, 돌아가다, 돌아오다" 등의 동사와 잘 어울린다.

예) 시내로 떠납니까?

아니요, 집으로 돌아갑니다.

· 체언의 끝음절이 모음으로 끝난 경우: "-로"를 첨가한다. 또한, 체언의 끝음절이 "ㄹ" 자음으로 끝난 명사에도 "-로"를 쓴다.

예) 그들이 학교로 떠났다.

그는 내일 중국으로 출발한다.

농부가 일하러 들로 나간다.

우리는 농촌 마을로 체험 활동을 떠난다.

· 체언의 끝음절이 자음으로 끝난 경우: "-으로"를 쓴다.

예) 사람들이 마당으로 들어갔다.

그들은 한강으로 달려갔다.

그는 가끔 도봉산으로 등산을 간다.

친구가 다음 주에 서울로 돌아온다.

이 경우 "-(으)로"는 주로 왕래 동사의 가고 오는 방향을 나타낸다.

11.2 수단 및 도구 표시 조사

기본 유형 : -(으)로(써)

밥

숟가락

그들은 숟가락으로 밥을 먹습니까?
　　예, 숟가락과 젓가락으로 먹어요.

오천 원으로 선물을 샀어요?
　　아니요, 만 원으로 샀어요.

창호는 피나는 노력으로 끝내 성공하였다.
가위로 색종이를 오려서 무엇을 만들까?
밖에서 돌아오면 비누로 손을 깨끗이 씻는다.

1 연습하기

> **보기**　그들은 손가락으로 음식을 먹어요?
> 　　　　젓가락 ‥ 그들은 젓가락으로 음식을 먹습니다.

(1) 그는 오른손으로 글씨를 써요?
　　왼손　　‥ 그는 왼손으로 글씨를 씁니다.

(2) 그 관광객들은 기차로 시골로 떠났지요?
　　자동차　‥ 관광객들은 자동차로 시골로 떠났습니다.

(3) 그는 식칼로 사과를 깎았어요?
　　과도　　‥ 아니요, 그는 과도로 사과를 깎았습니다.

(4) 그들은 한국 돈으로 물건을 샀어요?
　　외국 돈 ‥ 아니요, 그들은 외국 돈으로 물건을 샀습니다.

(5) 그 사람은 공무로 외국에 나갔어요?

개인 일 ‥ 그 사람은 개인 일로 외국에 갔습니다.

2 발음

숟가락	⇒ [수까락]	젓가락	⇒ [저까락]
깎았습니다	⇒ [까까씀니다]	먹었습니다	⇒ [머거씀니다]
오천 원으로	⇒ [오처 눠느로]	한국 돈으로	⇒ [한국 도느로]

3 어법

❶ 수단/도구 표시 조사의 용법

체언의 끝음절이 모음으로 끝난 명사와 체언의 끝음절이 "ㄹ" 자음으로 끝난 명사에는 "−로" 형태의 조사를 쓴다. 체언의 끝음절이 "ㄹ" 이외의 자음으로 끝난 명사에는 "−으로" 형태의 조사를 쓴다.

예 그들은 비행기로 갔어요.

우리 집에서 학교까지 도보로 30분 걸린다.

그는 울적한 마음을 술로 달랬다.

나는 흙 묻은 손을 깨끗한 물로 씻었다.

나는 마음속으로 간절히 빌었다.

그는 몹시 화가 나서 상대방을 주먹으로 쳤대요.

그리고 수단/도구를 나타내는 조사에는 필요에 따라 "-써"를 첨가할 수 있다.

예 그이는 한국말로/한국말로써 이야기했어요.
말로써 말이 많아요.
글로/글로써 자기의 생각을 잘 표현한다.
목수는 나무로/나무로써 가구를 만들어요.

이렇게 "-써"를 첨가할 수 있는 것은 위에 말한 방향 표시 조사와 다른 점이다. 방향 표시 조사에는 그런 "-써"를 첨가할 수 없다.

11.3 자격 및 신분 표시 조사

 **기본 유형 : -(으)로(서)**

그 여자를 친구로 생각합니까?
나는 그들을 직원으로 채용했어요.

학생은 한국에 유학생으로 왔습니까?
　예, 저는 유학생으로 왔습니다.

나는 한국어 교사로서 보람을 느낍니다.

1 연습하기

> **보기** 민우 씨는 그 여자를 부인으로 삼았어요?
>
>   예, 민우 씨는 그녀를 부인으로 삼았어요.

(1) 그 청년은 정식 사원으로 일하지요?

   예, 그 청년은 정식 사원으로 일합니다.

(2) 저 사람은 회사 간부로 임명되었지요?

   예, 저 사람은 회사 간부로 임명되었습니다.

(3) 이 사람은 비서로 근무하지요?

   예, 그 사람은 비서로 근무합니다.

(4) 그분이 한국어 선생님으로 계십니까?

   예, 그분이 한국어 선생님으로 계십니다.

(5) 그분이 회장으로 선출되었지요?

   예, 그분은 회장으로 선출되었습니다.

2 발음

생각합니다 ⇒ [생가캄니다]	직원으로 ⇒ [지궈느로]
왔습니다 ⇒ [와씀니다]	삼았어요 ⇒ [사마써요]
선출되었습니다 ⇒ [선출되어씀니다]	

3 어법

❶ 자격 표시 조사의 용법

체언에 첨가되어 쓰인 "-로" 조사는 자격이나 신분을 나타낸다. 이 조사는 필요에 따라 "-서"를 첨가할 수 있다.

예
사무원으로 → 사무원으로서
비서로　　 → 비서로서
노동자로 　→ 노동자로서
대통령으로 → 대통령으로서
선생님으로 → 선생님으로서
학생으로　 → 학생으로서

이렇게 "−서"를 첨가할 수 있는 것은 방향 조사나 수단 조사와 다른 점이다. 다른 조사들에는 "−서"를 첨가할 수 없다.

❷ 방향 조사 "−로"와 수단 조사 "−로(써)" 및 자격 조사 "로(서)" 구별하기

방향 조사	명사 형태	예	참고
−로	바다	바다로 간다.	방향
−으로	산	산으로 간다.	방향
−로(써)	기차	기차로 간다.	수단
−으로(써)	손	손으로 잡는다.	수단
−으로(서)	사장	사장으로 일한다.	자격
−로(서)	친구	친구로서 사귄다.	자격

제12과
시간 표시

12.1 시간 표시 조사

 **기본 유형 : 시간어 + 에**

아침 몇 시에 일어나지요?
　　저는 아침 7시에 일어납니다.

몇 시에 출근하지요?
　　오전 8시에 일터로 출근합니다.

할아버지는 오후 5시에 산책을 하십니까?
　　아니요, 점심식사 후에 산책하십니다.

우리 모임은 어느 날 저녁에 있지요?
　　예, 화요일 저녁 8시에 있습니다.

1 연습하기

> **보기** 선생님께서는 몇 시에 일어나십니까?
>
>   6시 ‥ 선생님은 보통 아침 6시에 일어납니다.

(1) 형님은 언제 신문을 읽습니까?

  새벽   ‥ 형님은 새벽에 신문을 읽습니다.

(2) 학생들이 몇 시에 교실에 들어갑니까?

  아침 9시 ‥ 그들은 아침 9시에 교실에 들어갑니다.

(3) 수업이 몇 시에 끝났습니까?

  오후 4시 ‥ 오후 4시에 수업이 끝났습니다.

(4) 사장과 몇 시에 만나시겠습니까?

  아침 10시 ‥ 아침 10시에 사장과 만납니다.

(5) 진우는 언제 여행을 갑니까?

  5월 13일 ‥ 진우는 5월 13일에 여행을 갑니다.

2 발음

> 일어납니다 ⇒ [이러납니다]   읽습니다 ⇒ [익씀니다]
>
> 들어갑니다 ⇒ [드러감니다]   끝났습니다 ⇒ [끈나씀니다]
>
> 5월 13일에 ⇒ [오월 십쌈이래]

3 어법

❶ 시간 표시 조사 용법

  · **시간어**: 시간과 관계되는 명사들을 가리킨다.

예   아침, 오후, 10시, 밤, 저녁, 봄, 여름, 10월 9일, 올해, 내년

· **시간어 + 시간 표시 조사**: 시간어 + 에

예   열 시+에, 아침+에, 저녁+에, 12시에, 오후에, 3월 5일에

저는 아침 7시에 출근합니다.
저는 오후 5시 30분에 퇴근합니다.

12.2 시작과 마침 시간 표시 조사

 기본 유형 : 시간어 + 부터/까지

9시부터 일을 시작하지요?
　　예, 아침 9시부터 일을 시작합니다.

오후 5시까지 일을 계속합니까?
　　아니요, 오후 6시까지 근무합니다.

언제부터 언제까지 연구를 계속합니까?
　　금년부터 내년까지 연구를 합니다.

밤에는 몇 시까지 공부하지요?
　　밤에는 11시까지 공부하지요.

1 연습하기

보기 오늘 몇 시부터 일을 시작했습니까?

아침 8시 ‥ 아침 8시부터 일을 시작했습니다.

(1) 언제까지 일을 계속했습니까?

오후 6시   ‥ 오후 6시까지 일을 계속했습니다.

(2) 날마다 몇 시부터 몇 시까지 공부합니까?

9시부터 오후 5시까지 ‥ 9시부터 오후 5시까지 공부합니다.

(3) 일주일에 며칠 동안 근무합니까?

20시간   ‥ 일주일에 20시간 동안 근무합니다.

(4) 언제부터 언제까지 한국에 머물겠어요?

3월부터 8월까지   ‥ 3월부터 8월까지 한국에 머물 것입니다.

(5) 요즈음에는 몇 시부터 가게 문을 열지요?

오전 9시   ‥ 오전 9시부터 가게 문을 엽니다.

2 어법

· **시작 기간 표시**: 시간어 + 부터

예 몇 시부터 공부를 시작합니까?

아침 8시부터 공부를 시작합니다.

언제부터 그 사람을 사귀었습니까?

작년 봄부터 그 사람을 사귀었습니다.

· **마침 시간 표시**: 시간어 + 까지

예 시험 기간에는 몇 시까지 공부합니까?

나는 새벽 2시까지 공부합니다.

야구 경기 시간은 몇 시까지 계속됩니까?

오후 6시까지 계속됩니다.

12.3 기간(期間)의 표시어

 **기본 유형 : 동안**

하루에 몇 시간 동안 일합니까?

하루에 8시간 동안 일합니다.

일주일에 며칠 동안 공부하지요?

월요일부터 금요일까지 5일 동안 공부합니다.

한국에 얼마 동안 체류했지요?

1년 반 동안 체류했습니다.

그 동안에 주로 무엇을 했지요?

그 동안에 한국어와 한국 문화를 배웠어요.

1 연습하기

> **보기** 오늘 몇 시간 동안 연습했습니까?
>
> 4시간 ‥ 오늘 4시간 동안 연습했습니다.

(1) 공장에서 몇 달 동안 일을 계속했습니까?

6달 ‥ 6달 동안 일을 계속했습니다.

(2) 앞으로 몇 년 동안 그 일을 계속하겠습니까?

3년 ‥ 3년 동안 이 일을 계속하겠습니다.

(3) 그 프로그램은 몇 분 동안 방영되었지요?

　　30분　　‥ 그 프로그램을 30분 동안 방영되었어요.

(4) 그 선수는 100미터를 몇 초 동안에 달릴 수 있지요?

　　9초 8　　‥ 그 선수는 9초 8 동안에 100미터를 달릴 수 있어요.

(5) 그 동안 어디에 가셨었지요?

　　일주일　‥ 1주일 동안 시골에 갔었어요.

2 어법

　　· **기간 표시 방법**: 시간어 + 동안

　　　　예　1일부터 5일까지 5일 동안

　　　　　　몇 시간 동안

　　　　　　며칠 동안

　　　　　　몇 주일 동안

　　　　　　몇 달 동안

　　　　　　몇 년 동안

　　　　　　한동안

　　　　　　오랫 동안

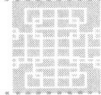

12.4 빈도와 차례의 표시어

 기본 유형 : 자주, 늘, 가끔, 때때로, 처음

그가 여기에 자주 들릅니까?

　　예, 그는 자주 들릅니다.

그가 늘 여기에 들릅니까?

　　아니요, 가끔씩 들르지요.

그를 가끔 만납니까?

　　예, 나는 그를 이따금 만나지요.

요즈음에는 비가 때때로 내리지요?

　　예, 비가 때때로 내리는군요.

그 남자를 날마다 만나지요?

　　예, 그 남자를 날마다/늘 만나지요.

그가 처음 댁에 찾아왔어요?

　　예, 그는 처음 우리 집을 찾아왔어요.

그 사람은 처음으로 해외 여행을 했나요?

　　아니요, 그는 해외 여행을 가끔 했지요.

1 연습하기

> **보기** 그는 노래방에 자주 갑니까?
>
> 　　가끔 ‥ 그는 가끔 노래방에 갑니다.

(1) 그는 늘 이 공장에서 일했습니까?

　　때때로 ‥ 그는 이 공장에서 때때로 일했습니다.

(2) 그 여자를 자주 만났어요?

한 달에 한 번 ‥ 그 여자를 한 달에 한번 만났습니다.

(3) 그 사장을 가끔 만나지요?

어쩌다가 ‥ 그 사장을 어쩌다가 만나지요.

(4) 그 사람이 항상 집에 있어요?

가끔 ‥ 그 사람은 가끔 집에 있어요.

(5) 그는 마지막으로 어디에 갔지요?

프랑스 ‥ 그는 마지막으로 프랑스에 갔어요.

2 어법

· **빈도 표시어**: 날마다, 자주, 가끔, 때때로, 어쩌다가, 더러

예 그는 날마다 여기에 왔지만 지금은 가끔 와요.
비가 오전에는 때때로 내리다가 이제는 그쳤어요.

· **차례 표시어**: 처음에, 중간에, 나중에, 마지막에

예 그는 처음에는 자주 여기에 왔지만 중간에 그만두었지요.
그는 일을 중간에 쉬다가 마지막에 열심히 했어요.

진우: 매일 몇 시에 직장에 나갑니까?

호성: 저는 매일 9시에 직장에 나갑니다.

진우: 직장은 무슨 회사지요?

호성: 한국 전자회사예요.

진우: 하루에 몇 시간 동안 근무합니까?

호성: 오전 9시부터 오후 5시까지 8시간 동안 근무합니다.

진우: 저녁 식사 때는 주로 무엇을 하지요?

호성: 저녁 식사 때는 주로 가족과 대화를 해요.

진우: 저녁 식사 후에는 주로 무슨 일을 하지요?

호성: 자유 시간을 가집니다. 한국 노래를 배웁니다.

　　　그 뒤에는 얼마 동안 TV를 봅니다.

　　　그 다음에는 책을 읽습니다.

진우: 그동안 말씀 고맙습니다. 안녕히 계십시오.

호성: 안녕히 가십시오. 또 만납시다.

위의 대화에 대해서 다음 질문에 대답해 봅시다.

(1) 직장에는 몇 시에 나갑니까?

(2) 하루에 언제부터 언제까지 얼마 동안 근무합니까?

(3) 저녁 식사 때는 무엇을 합니까?

(4) 저녁 식사 후에는 주로 무엇을 하지요?

(5) 자유 시간에 하는 일은 무엇입니까?

메모하세요

제13과
공간 위치, 목적지, 상대자

13.1 위치 표시 조사와 동사

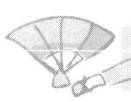 **기본 유형 : -에 있다/놓다**

학생들은 지금 도서관에 있습니까?

　예, 지금 도서관에 있어요.

아버지는 댁에 계십니까?

　아니요, 친척집에 계십니다.

그 물건이 어디에 있습니까?

　이 물건은 편의점에 있습니다.

차는 주차장에 두었어요?

　예, 주차장에 세워 놓았어요.

꽃병은 어디에 놓을까요?

　창가에 놓아두십시오.

1 연습하기

보기 사람들이 어디에 많이 있습니까?

농악 공연장 ·· 사람들은 농악 공연장에 많이 있습니다.

(1) 형님은 어디에 계십니까?

놀이터 ·· 형님은 놀이터에 계십니다.

(2) 직원들은 어디에 있습니까?

사무실 ·· 직원들은 사무실에 있습니다.

(3) 돈은 어디에 두십니까?

금고 ·· 돈은 금고에 두지요.

(4) 시계를 어디에 놓았습니까?

책상 위 ·· 시계는 책상 위에 놓았습니다.

(5) 가족들은 어디에 모였습니까?

TV 앞 ·· 가족들은 TV 앞에 모였어요.

2 발음

직장 ⇒ [직짱]	배웁니다 ⇒ [배움니다]
편의점 ⇒ [펴니점]	놓았어요 ⇒ [노아써요]
안방 ⇒ [안빵]	

3 어법

❶ 위치 표시어의 용법

· 공간 표시어 + 에

공간의 위치 표시어는 장소나 자리를 나타내는 말이다. 이런 공간어에 첨가되는 조사 "ㅡ에"는 위치만 나타낸다. 활동하거나 일하는 자리가 아니고, 다만 사물이 놓여 있는 위치를 나타낼 뿐이다.

> 예 그 사람은 **집에** 있습니다.
> 그 차는 **차고에** 두었습니다.
> 가방은 **여기에** 없어요.
> 이 **의자에** 앉아요.

"ㅡ에"는 공간어에 첨가되는 경우이고, 시간어에 첨가될 때는 시간 표시가 된다. (앞의 12과 참조)

위치 표시 조사 "ㅡ에"와 결합할 수 있는 존재사나 동사는 많지 않으며 대개 다음과 같은 것들이다.

> 예 있다, 없다, 계시다
> 두다, 놓다, 매달다
> 서다, 앉다, 눕다
> 쓰다, 끼다, 꽂다, 피다, 펴다, 타다, 띠다, 신다

13.2 목적지 표시 조사와 동사

기본 유형 : -에 가다/오다

인사동 거리

국립민속박물관

언제 한국에 왔습니까?

　　2년 전에 한국에 왔어요.

무슨 일로 오셨습니까?

　　무엇 좀 알아보려고 왔습니다.

언제 고향에 돌아갑니까?

　　몇 달 후에 고향에 돌아가겠어요.

어제 박물관에 갔어요?

　　지난 주일에 박물관에 갔지요.

이번 월요일에는 어디에 가지요?

　　서울 명동에 가고 싶어요.

1 연습하기

> **보기** 그저께 남대문에 갔지요?
>
>   예, 그저께 남대문에 갔어요.

(1) 일요일 오전에 남산에 갔지요?

    예, 오전에 남산에 갔습니다.

(2) 낮에 한강에 갔지요?

    예, 낮에 한강에 갔습니다.

(3) 올림픽 공원에 구경 갔지요?

    예, 올림픽 공원에 구경 갔습니다.

(4) 덕수궁에 구경 갔지요?

    예, 덕수궁에 구경 갔습니다.

(5) 도봉산에 올라갔어요?

    예, 도봉산에 올라갔어요.

3 어법

❶ 목적지 표시어

· 공간어 + 에

"−에"는 "가다", "오다"와 같은 내왕 동사의 목적지를 나타내는 데 쓰인다. 이때는 위 예문에서처럼 내왕 동사만 쓰고, 다른 활동 동사 등은 쓰지 않는다.

목적지 표시어 "−에"는 방향 표시어 "−(으)로"와 다르게 쓰인다.

> 예 저는 시내에 갑니다.
>
>   저는 시내로 갑니다.

"시내에"는 목적지를 나타내고, "시내로"는 시내 방향을 나타낸다.

13.3 상대자 표시 조사와 동사

 **기본 유형 : -에게/한테 주다 / 가르치다**

그 선물을 아이들한테 주십니까?

　예, 손자와 손녀한테 선물을 주겠어요.

선생님이 학생들에게 무엇을 가르치지요?

　선생님은 학생들에게 노래를 가르쳐요.

그 친구에게 전화를 했어요?

　그는 나한테 대답하지 않았어요.

1 연습하기

> 보기　누구에게 편지를 부쳤지요?
> 　　고향 친구 ‥ 고향 친구에게 편지를 부쳤어요.

(1) 누구한테 그 소포를 보냈지요?

　여동생　‥ 여동생한테 그 소포를 보냈습니다.

(2) 어떤 사람들에게 강연을 했어요?

　시민들　‥ 시민들에게 강연을 했어요.

(3) 누구에게 겨울옷을 선물했지요?

　불우이웃 ‥ 불우이웃에게 겨울옷을 선물했어요.

(4) 어떤 사람들에게 청첩장을 보냈지요?

　　친척과 친구 ‥ 친척과 친구들에게 청첩장을 보냈습니다.

(5) 그 책을 누구한테 주었습니까?

　　친구　　　‥ 그 책을 친구한테 주었어요.

3 어법

❶ 상대자 표시어

　　· 사람 명사 + 에게/한테

　　상대자 표시어는 "부모", "친척", "아들", "딸", "친구" 등 사람을 상대자로 할 때 쓴다. 아무리 작은 아이라도 "−에게"를 써서 상대자임을 나타낸다. 이것은 사물에게는 "−에"만 쓰는 것과 다른 점이다. "−에게" 대신에 "−한테"를 쓰기도 한다.

　　　　예　나는 회사에 편지를 보냈다.　　　　　(회사는 사람이 아님)
　　　　　　나는 회사 사장에게 편지를 보냈다. (사장이라는 사람을 상대로 함)
　　　　　　친구에게 편지를 보냈다.　　　　　　(친구인 사람을 상대자로 함)

　　한편, 사람은 아니지만 우리에게 친숙한 가축이나 동물을 가리킬 때도 "−에게"를 쓰는 것이 보통이다.

　　　　예　그런 것은 개에게 주어라.
　　　　　　진주 목걸이를 돼지에게 던지는 것은 바보짓이다.

　　다만, 동물 중에 곤충이나 미물(微物) 등에는 "−에게"를 쓰지 않는다.

· '-에'와 '-에게'의 가려 쓰기

명사	조사	예	참고
사람	-에게	사람에게 말한다.	사람
아이	-에게	아이에게 준다.	사람
개	-에게	개에게 밥을 주어라.	개
소	-에게	소에게 여물을 주어라.	소
공무원	-에게	공무원에게 신고한다.	사람
학교	-에	학교에 수업료를 낸다.	기관
도서관	-에	도서관에 책을 반납한다.	기관
정부	-에	정부에 진정서를 낸다.	기관
문화관광부	-에	문화관광부에 보고한다.	기관

· "-께"

높은 어른을 상대로 할 때는 "-께"를 쓴다.

> 예 선생님께 인사를 했어요.
> 할아버지께 문안을 드렸지요.
> 부모님께 세배를 했습니다.
> 동네 어른들께 새해 인사를 했습니다.

동작 장소, 시발점과 도달점

14.1 동작 장소 표시 조사

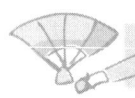 기본 유형 : 장소어 + 에서

나는 집에서 일을 했습니다.

기술자들은 공장에서 근무합니다.

아이들은 운동장에서 놀았습니다.

그분은 연구실에서 실험합니다.

점심은 냉면집에서 먹었습니다.

1 연습하기

보기 어디에서 그 그림을 샀습니까?
　　　인사동 ·· 인사동에서 이 그림을 샀습니다.

(1) 어디에서 식사를 했습니까?

한식점 ·· 한식점에서 식사를 했습니다.

(2) 어디에서 축구를 했습니까?

　　상암축구장　‥ 상암축구장에서 축구를 했습니다.

(3) 주민들이 어디에서 잔치를 했습니까?

　　마을회관　　‥ 주민들이 마을회관에서 잔치를 했습니다.

(4) 그들이 어디에서 결혼식을 올렸습니까?

　　예식장　　　‥ 그들은 예식장에서 결혼식을 올렸습니다.

(5) 사람들이 어디에서 차를 마셨습니까?

　　다방　　　　‥ 사람들이 다방에서 차를 마셨습니다.

2 발음

샀습니다 ⇒ [사씀니다]	음식점 ⇒ [음식쩜]
예식장 ⇒ [예식짱]	

3 어법

　· **장소 표시어**: 장소어 + "-에서"

"-에서"는 행동이나 동작이 벌어진 장소를 가리킨다.

　　예　나는 연구실에서 연구를 합니다.
　　　　그는 공장에서 제품을 생산합니다.

이런 "-에서"는 앞에 말한 위치나 목적지 표시 조사 "-에"와 다르다.

　　예　아이들은 마당<u>에서</u> 체조를 합니다.　　(동작 장소 표시)
　　　　우리는 농촌<u>에서</u> 자랐습니다.　　　　(동작 장소 표시)
　　　　바다<u>에</u> 갔습니다.　　　　　　　　　(목적지 표시)

시계를 책상 위<u>에</u> 두었습니다/놓았습니다.　　(위치 표시)

의자<u>에</u> 앉으십시오.　　　　　　　　　　(위치 표시)

대부분의 동사들은 이 장소 표시어 "-에서"와 잘 어울릴 수 있다.

14.2 　시발점 표시 조사

 기본 유형 : 장소어 + 에서

그 사업가는 중국에서 왔지요?

예, 그 사업가는 중국에서 왔어요.

다른 분은 동남아에서 왔지요?

예, 다른 분은 동남아에서 왔어요.

이 기차는 어디에서 출발했지요?

이 기차는 부산에서 출발했어요.

국제선 비행기들은 어디에서 떠나지요?

국제선 비행기들은 인천 공항에서 떠납니다.

1 연습하기

> 보기　저 사람은 어디에서 왔지요?
>
> 　　　강원도 평창 ‥ 저 사람은 강원도 평창에서 왔습니다.

(1) 저 학생은 일본 어디에서 왔습니까?

　　도쿄 ‥ 저 학생은 일본 도쿄에서 왔습니다.

(2) 젊은이는 어디에서 왔지요?

중국 베이징　ᆢ 저는 중국 베이징에서 왔습니다.

(3) 선생님은 어디에서 오셨지요?

영국 런던　ᆢ 저는 영국 런던에서 왔습니다.

(4) 한강 지류는 어디에서 시작되었습니까?

강원도 오대산 ᆢ 한강은 강원도 오대산에서 시작되었습니다.

(5) 선수들은 어느 나라에서 왔습니까?

세계 각국　ᆢ 선수들은 세계 각국에서 왔습니다.

2 발음

샀습니다 ⇒ [사씀니다]	음식점 ⇒ [음식쩜]
예식장　⇒ [예식짱]	

3 어법

❶ 시발점 표시어

· 장소어 + −에서

"−에서"는 행동이나 동작이 벌어진 장소뿐 아니라 동작이나 움직임이 시작한 시발점을 나타내기도 한다.

　예　저 사람은 어디에서 왔어요?

저 사람은 호주에서 왔어요.

이 강은 어디에서 시작했지요?

· 장소어 + 에서 + 부터

시발점을 나타내는 데는 "−에서부터"를 쓰기도 한다. 그렇게 되면 시발점을 더 명확히 드러낼 수가 있다.

예 그들은 집에서부터 달렸다.
우리는 농촌에서부터 자동차로 왔다.
아이들은 학교에서부터 준비를 잘 하고 떠났다.
몇 과에서부터 공부를 시작할까요?

그러나 대개는 "−부터"를 빼고 "−에서"만 쓰는 경향이 있다. "−부터"를 붙이면 의미는 더 확실하지만 말이 길어지기 때문이다.

14.3 도달점 표시 조사

 기본 유형 : 장소어 + −까지

고속철도와 기차

판문점으로 가는 철도

학생은 어디까지 가지요?
　　우리는 판문점까지 갑니다.

이 기차는 어디에서 어디까지 가지요?
　　이 기차는 부산에서 서울까지 가지요.

이 비행기는 서울에서 미국까지 가나요?
　　예, 이 비행기는 서울에서 뉴욕까지 갑니다.

1 연습하기

> **보기**   저 사람은 어디까지 가지요?
>
> 금강산 ‥ 그는 금강산까지 갑니다.

(1) 저 학생은 일본 어디까지 갑니까?

도쿄   ‥ 예, 저 학생은 일본 도쿄까지 갑니다.

(2) 젊은이는 어디에서부터 어디까지 왔지요?

중국, 서울   ‥ 저는 중국에서부터 서울까지 왔습니다.

(3) 선생님은 어디까지 가세요?

호주 멜버른 ‥ 저는 호주 멜버른까지 갑니다.

(4) 한강은 어디까지 흐르지요?

서해 바다   ‥ 한강은 서해 바다까지 흐릅니다.

(5) 손님들은 어느 나라까지 가십니까?

캐나다   ‥ 우리들은 캐나다까지 갑니다.

2 어법

· **도달점 표시어**: 장소어 + 까지

"-까지"는 행동이나 동작이 끝나는 종착점을 나타낸다.

> 예 저 사람은 어디까지 왔지요?
>
> 저 사람은 서울까지 왔어요.
>
> 압록강은 어디에서부터 어디까지 흐릅니까?
>
> 압록강은 백두산에서부터 황해까지 흐릅니다.

제15과
명사의 접속 조사

15.1 선택 접속 조사

 기본 유형 : -와, -과

순호와 지우는 초등학교 학생입니까?

　예, 순호와 지우는 초등학교 학생입니다.

그 남자와 여자는 친구 사이지요?

　예, 그들은 친구 사이입니다.

엄마는 비누와 수건을 샀지요?

　엄마는 비누와 수건을 샀어요.

1 연습하기

> **보기**　그 여자는 무엇을 샀지요?
>
> 　　화장품과 손수건 ‥ 그 여자는 화장품과 손수건을 샀습니다.

(1) 그는 무엇을 샀어요?

　운동복과 운동화 ‥ 그는 운동복과 운동화를 샀어요.

(2) 여 선생님은 무슨 과목을 가르칩니까?

역사와 지리　　‥ 여 선생님은 역사와 지리를 가르칩니다.

(3) 그는 무슨 음식을 잘 먹지요?

설렁탕과 갈비탕 ‥ 그는 설렁탕과 갈비탕을 잘 먹습니다.

(4) 그들은 아침에 무슨 음식을 먹습니까?

계란과 빵　　　‥ 그들은 아침에 계란과 빵을 먹습니다.

(5) 어머니는 무슨 과일을 샀습니까?

사과와 배　　　‥ 어머니는 사과와 배를 샀습니다.

2 어법

❶ 명사의 접속 조사: "−와"와 "−과"

두 명사를 연결할 때는 그 사이에 "−와/−과" 접속 조사를 선택하여 삽입한다. 모음으로 끝난 명사에는 "−와"를 삽입하고, 자음으로 끝난 명사에는 "−과"를 첨가한다.

> 예 그 남자와 여자는 부부이다.
> 　　그는 신문과 잡지를 읽었다.

❷ "-와"와 "-과"의 선택표

명사	와/과	명사
모자	-와	양말
바다	-와	강
노래	-와	춤
자동차	-와	기차
남자	-와	여자
돈	-과	재산
참말	-과	거짓말
달	-과	해
물	-과	공기

15.2 접속 조사

 **기본 유형 : -하고**

형하고 동생은 닮았지요?

    예, 그들은 많이 닮았어요.

바지와 웃옷을 새로 샀습니까?

    예, 바지하고 웃옷을 새로 샀어요.

누나하고 동생은 아침에 시장에 갔지요?

    예, 그들은 아침에 시장에 갔어요.

학생들이 교수님하고 등산을 하였습니까?

    예, 학생들이 교수님하고 등산을 했어요.

1 연습하기

> 보기 아저씨는 누구하고 여행을 떠나셨습니까?
>
>   아주머니 ‥ 아저씨는 아주머니하고 여행을 떠나셨습니다.

(1) 진우는 누구하고 영화를 봤습니까?

　　상미　　‥ 진우는 상미하고 영화를 봤습니다.

(2) 진우는 무슨 반찬을 잘 먹지요?

　　밥, 김치 ‥ 진우는 밥하고 김치를 잘 먹습니다.

(3) 선생님은 누구하고 노래를 불렀습니까?

　　학생　　‥ 선생님은 학생하고 노래를 불렀습니다.

(4) 저 선배는 누구하고 술을 마십니까?

　　후배　　‥ 저 선배는 후배하고 술을 마십니다.

(5) 상미는 누구하고 병원에 문병 갔습니까?

　　진우　　‥ 상미는 진우하고 병원에 문병 갔습니다.

2 발음

닭았지요 ⇒ [달마찌요]	닭았어요 ⇒ [달마써요]
봤습니다 ⇒ [봐씀니다]	먹습니다 ⇒ [먹씀니다]

3 어법

❶ 명사 접속 조사 "－하고"

"하고"는 일상 대화에서 명상 접속 조사로 흔히 쓰인다.

　　　예 서울하고 인천

　　　　　아이하고 어른

"−하고"는 "−와"나 "−과"하고 의미 차이가 없으므로 서로 교체할 수 있다. 특히, "−하고"는 앞에 오는 명사의 자음과 모음의 구별 없이 쓰인다.

> 예 바다하고 산 (바다와 산)
> 산하고 바다 (산과 바다)
> 비빔밥하고 나물을 주십시오.

15.3 상대 표시 접속 조사

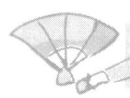
기본 유형 : −와, −과, −하고

굴렁쇠 굴리기

동생은 누구하고 싸웠습니까?
　　동생은 친구하고 싸웠습니다.

남학생들은 여학생들과 시합을 했습니까?
　　예, 그들은 시합을 했어요.

개는 고양이와 자주 싸우지요?
　　예, 개는 고양이하고 자주 싸우지요.

1 연습하기

> **보기**　진우는 누구하고 탁구 시합을 하였습니까?
> 　　　상미 ·· 진우는 상미하고 탁구 시합을 하였습니다.

(1) 진우는 누구와 실력을 겨룹니까?
　　민수 ·· 진우는 민수하고 실력을 겨룹니다.

(2) 진우는 누구하고 자주 다툽니까?

　　민수　　‥ 진우는 민수하고 자주 다툽니다.

(3) 그는 누구와 씨름을 했습니까?

　　동료들　‥ 그는 동료들과 씨름을 했습니다.

(4) 창호는 누구와 바둑을 두었습니까?

　　중국 선수 ‥ 창호는 중국 선수와 바둑을 두었습니다.

(5) 선생님은 누구와 결혼했습니까?

　　남자 친구 ‥ 선생님은 남자 친구와 결혼했습니다.

2 어법

❶ 상대 표시 접속 조사의 용법

　상대자에게 "-하고", "-와" 또는 "-과"를 첨가하고, "싸우다", "다투다", "시합하다" 등의 경쟁 관계를 나타내는 동사가 쓰이면 대결 상대 표시가 된다.

　　　예　진우가 여자와 싸웁니다.
　　　　　우리는 상대 선수와 시합을 했습니다.

"-와/과", "-하고" 등이 상대자를 표시할 때는 그 동사 앞에 쓰인다.

❷ 많은 사람이나 물건의 접속

　　　예　나는 오늘 남자, 여자, 아이 그리고 어른과 만납니다.
　　　　　우리는 민우, 송아, 철수 그리고 상미와 같이 갑니다.
　　　　　나는 빗, 안경, 장갑, 그리고 모자를 샀습니다.

　이럴 때는 각 명사 뒤에 쉼표(,)를 찍고 마지막 명사 앞에는 "그리고"라는 접속사를 덧붙이는 것이 보통이다. 다만, 여러 사람이나 물건의 접속은 그렇게 많지 않다.

제16과
동시 연결과 순차 연결

16.1 | 형용사의 동시 연결 어미

 **기본 유형 : 형용사 + -고**

날씨가 맑고 따뜻합니다.
물건이 싸고 좋습니다.
그 여자는 예쁘고 얌전합니다.
저 남자는 젊고 건강합니다.
하늘은 높고 푸릅니다.

1 연습하기

> **보기** 이 음식은 어떻습니까?
>   싸다, 맛있다 ‥ 이 음식은 싸고 맛있습니다.

(1) 이 물건은 어떻습니까?
     비싸다, 안 좋다 ‥ 이 물건은 비싸고 안 좋아요.

(2) 저분은 어떤 분입니까?

　　젊다, 미남이다　　‥ 저분은 젊고 미남이에요.

(3) 저분은 어떤 여자입니까?

　　아름답다, 얌전하다 ‥ 저분은 아름답고 얌전합니다.

(4) 이 마을은 어떻습니까?

　　조용하다, 평화롭다 ‥ 이 마을은 조용하고 평화로워요.

(5) 이 기차는 어떤 차입니까?

　　빠르다, 안전하다　　‥ 이 기차는 빠르고 안전합니다.

2 발음

젊습니다	⇒ [점씀니다]	좋습니다	⇒ [조씀니다]
맑고 따뜻합니다	⇒ [말꼬 따뜨탐니다]		
어떻습니까	⇒ [어떠씀니까]	웃옷을	⇒ [우도슬]

3 어법

❶ 형용사의 동시 접속 용법

　형용사를 잇달아 늘어놓으면 동시 접속이 된다. 두 형용사의 동시 접속이란 두 형용사를 순서 없이 늘어놓아도 된다는 뜻이다. 나열 순서를 바꾸어도 뜻이 달라지지 않는다는 것이다.

　　예　좋고 따뜻하다　　⇔ 따뜻하고 좋다

　　　　따뜻하고 좋습니다 ⇔ 좋고 따뜻합니다

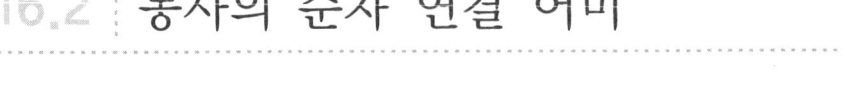

16.2 동사의 순차 연결 어미

 **기본 유형 : 동사 + -고**

민수는 아침에 신문을 읽고 식사를 하지요?

    예, 민수는 신문을 읽고 식사를 합니다.

미혜는 아침을 먹고 차를 마셨습니까?

    예, 미혜는 아침을 먹고 차를 마셨어요.

미혜는 화장을 하고 밖에 나갔지요?

    예, 미혜는 화장을 하고 여행을 떠났습니다.

1 연습하기

> **보기** 진우는 아침을 먹고 약을 먹었습니까?
>
>   아니요, 진우는 약을 먼저 먹고 아침을 먹었어요.

(1) 진우는 차를 마시고 공부를 하였지요?

    아니요, 진우는 공부를 하고 차를 마셨어요.

(2) 진우는 전화를 하고 밖에 나가 볼 일을 보았습니까?

    아니요, 진우는 밖에 나가 볼 일을 보고 전화를 했어요.

(3) 그는 제목을 정하고 글을 썼지요?

    아니요, 그는 글을 쓰고 나중에 제목을 정했습니다.

(4) 그는 일을 마치고 친구를 만났지요?

    아니요, 그는 친구를 만나고 나중에 일을 마쳤습니다.

(5) 그는 노래를 부르고 물을 마셨지요?

    아니요, 그는 먼저 물을 마시고 노래를 불렀어요.

2 발음

밖에	⇒ [바께]	받고	⇒ [받꼬]
잤습니다	⇒ [짜씀니다]		

3 어법

❶ 순차 연결 어미 "-고"와 "-고서"의 용법

"-고서"는 순차 연결 어미 "-고"와 서로 교체할 수 있다. 많은 경우에 두 어미 형태는 별 차이 없이 동사 어간에 첨가되어 두 동작을 순차로 나열한다. 이 경우에 앞의 동작이 시간적으로 먼저 이루어지고 뒤의 동작이 나중에 이어진다.

· 앞 동사 어간 + "-고/-고서" + 뒤 동사의 동작 연결

예) 빵을 먹고/먹고서 차를 마신다. (빵을 먹고 난 뒤에 차를 마신다)

· 뒤 동사 어간 + "-고" + 앞 동사의 동작 연결

이때의 뜻은 두 동사의 동작 순서가 서로 반대로 연결된다.

예) 차를 마시고 빵을 먹는다.   (차를 마신 뒤에 빵을 먹는다)

따라서 두 동사의 동작이 "-고"나 "-고서"로 연결될 때는 앞뒤 동작의 순서를 바꾸면 뜻이 달라진다.

16.3 동사의 순차 제약 연결 어미

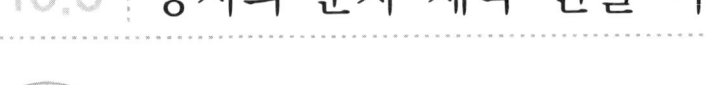 기본 유형 : －아서/－어서

아이들이 물고기를 잡아서 먹었어요?

　예, 아이들이 물고기를 잡아서 먹었어요.

그들이 백화점에 가서 물건을 샀지요?

　예, 그들이 백화점에 가서 물건을 샀어요.

형이 연을 만들어서 동생에게 주었지요?

　예, 형이 연을 만들어서 동생에게 주었지요.

사람들이 많이 모여서 시위를 했지요?

　예, 사람들이 많이 모여서 시위를 했어요.

경찰이 나와서 시위하는 사람들을 해산시켰지요?

　예, 경찰들이 많이 나와서 그들을 해산시켰어요.

1 연습하기

> 보기　그들이 어떻게 해서 생활했지요?
>
> 　월급을 받다 ‥ 그들은 월급을 받아서 생활했습니다.

(1) 수미는 어떻게 옷을 샀습니까?

　돈을 벌다　　　‥ 수미는 돈을 벌어서 옷을 샀습니다.

(2) 수미는 누구를 만나서 이야기했습니까?

　친구를 만나다　‥ 수미는 친구를 만나서 이야기를 했습니다.

(3) 수미는 어떻게 해서 졸업사진을 찍었지요?

　사진기를 빌리다 ‥ 수미는 사진기를 빌려서 졸업사진을 찍었어요.

(4) 진우는 어디에 가서 그 실험을 했습니까?

　　실험실에 가다　‥　진우는 실험실에 가서 그 실험을 했습니다.

(5) 진우는 과일을 어떻게 해서 먹습니까?

　　깨끗이 씻다　　‥　진우는 과일을 깨끗이 씻어서 먹습니다.

2 발음

어떻게 ⇒ [어떠케]	깨끗이 ⇒ [깨끄시]
씻어서 ⇒ [씨서서]	잡지　⇒ [잡찌]

3 어법

❶ 동사의 순차 제약 연결의 용법

"–아서", "–어서" 등으로 연결하는 순차 제약 연결 어미는 앞뒤의 동작이 순차로 이어질 뿐 아니라, 앞 동작이 뒤의 동작을 제약하는 것이다.

> 예〉 〈1〉 아이가 물고기를 **잡아서** 먹었어요.
> 　　 〈2〉 그는 교실에 **가서** 공부했습니다.

이 예문들에서는 앞 동작이 뒤 동작에 영향을 준다. "잡아서"는 먹는 동작을 제약하며, "가서"는 앞 동작이 "공부하다"라는 뒤 동작을 제약한다. 이런 점은 단순한 순차 나열하고 좀 다르다.

> 예〉 아이가 물고기를 잡고 먹었습니다.

이 경우는 앞뒤 동작이 순차적으로 이어질 뿐이다. "–고"는 연결 기능만 있고, 뒤 동작을 제약하지 않는다.

-아서	어간 끝모음이 "-ㅏ"나 "-ㅗ"이고, 종성 자음(받침)이 있을 때 쓰임
	예: 받아서, 쫓아서, 좋아서, 보아서
-서	어간 끝모음이 "-ㅏ"이고, 종성 자음(받침)이 없을 때 쓰임
	예: 가서, 사서, 서서
-어서	어간의 끝모음이 "ㅏ", "ㅗ" 이외인 동사나 형용사일 때 쓰임
	예: 읽어서, 믿어서, 적어서, 있어서, 빌려서
-여서	"하다"-동사/형용사일 때 쓰임
	예: 일하여서/일해서, 생각하여서/생각해서, 따뜻해서

위 표에서 보는 바와 같이 "-아서", "-어서" 등은 앞 동사의 종성(받침)에 따라 몇 가지 형태로 달라진다. 대체로 앞에서 다룬 과거 표시 형태 "-았-", "-었-", "-였-" 등의 선택과 비슷하다.

메모하세요

제17과
동작의 동시 연결

17.1 동작의 동시 연결 어미

기본 유형 : ─(으)며

아이들이 무엇을 하며 공부하지요?

　아이들은 음악을 들으며 공부를 해요.

그 여자는 늘 웃으며 말을 하지요?

　예, 그 여자는 항상 웃으며 말을 해요.

형이 노래를 부르며 동생을 장구를 치지요?

　형이 노래를 부르며 동생은 장구를 쳐요.

1 연습하기

> 보기　그들은 무엇을 하며 차를 마셨지요?
>
> 　　　이야기 하다 ‥ 그들은 이야기하며 차를 마셨어요.

(1) 상미는 무엇을 하며 방으로 들어갔습니까?

　　콧노래를 부르다 ‥ 상미는 콧노래를 부르며 방으로 들어갔습니다.

(2) 상미는 무엇을 하며 대학교에 다닙니까?

일을 하다 ·· 상미는 일을 하며 대학교에 다닙니다.

(3) 그들은 무엇을 하며 즐겼습니까?

막걸리를 마시다 ·· 그들은 막걸리를 마시며 즐겼습니다.

(4) 상미는 무엇을 보며 웃었습니까?

만화를 보다 ·· 상미는 만화를 보며 웃었습니다.

(5) 진수는 무엇을 하며 음악을 듣습니까?

공부를 하다 ·· 진수는 공부를 하며 음악을 듣습니다.

2 발음

듣습니다 ⇒ [드씀니다]   음악 ⇒ [으막]
콧노래   ⇒ [콘노래]   막걸리 ⇒ [마껄리]

3 어법

❶ 동시 동작 연결 어미 "−(으)며"의 용법

앞의 동작과 뒤의 동작이 동시에 이루어짐을 나타내는 연결 어미이다. 이것은 순차
접속의 "−고"와 다른 점이다.

> 예) 노래를 하며 춤을 추었다. (노래와 춤이 동시에 일어나는 것이다)
> 노래를 하고 춤을 추었다. (노래를 마친 다음에 춤을 추는 것이다)

· −며: 앞의 동사 어간이 모음으로 끝날 때 쓰인다.
· −으며: 앞의 동사 어간이 자음으로 끝날 때 쓰인다.

−며	차를 마시며 이야기한다.
	생각하며 글을 쓴다.
−으며	과자를 먹으며 차를 마신다.
	소설을 읽으며 생각한다.

17.2 동작의 동시 진행 연결 어미

 기본 유형 : −(으)면서

그 아이는 자면서 꿈을 꿉니까?

　예, 이 아이는 자면서 꿈을 꿉니다.

그들은 이야기를 하면서 차를 마십니까?

　예, 그들은 이야기를 하면서 차를 마시지요.

그들은 일을 하면서 음악을 듣지요?

　예, 그들은 언제나 일을 하면서 음악을 듣습니다.

그는 항상 웃으면서 인사하지요?

　그는 항상 밝게 웃으면서 인사를 해요.

1 연습하기

보기　젊은이들은 무엇을 하면서 음악을 듣습니까?
　　　일하다 ·· 젊은이들은 일을 하면서 음악을 듣습니다.

(1) 어제 무엇을 하면서 놀았습니까?

　운동하다 ·· 어제 운동을 하면서 놀았습니다.

(2) 일요일에 무엇을 하면서 보냈습니까?

　　문화체험하다　　·· 일요일에 문화체험을 하면서 보냈습니다.

(3) 그는 무엇을 하면서 시간을 보냈습니까?

　　TV를 보다　　·· 그는 TV를 보면서 시간을 보냈습니다.

(4) 학생은 누구를 생각하면서 편지를 썼습니까?

　　부모님을 생각하다 ·· 저는 부모님을 생각하면서 편지를 썼습니다.

(5) 학생은 무엇을 하면서 산책을 했습니까?

　　장래를 생각하다　·· 나의 장래를 생각하면서 산책을 했어요.

2 발음

> 놀았습니다　　⇒ [노라씀니다]
>
> 산책을 했습니다 ⇒ [산채글 해씀니다]
>
> 장래를 생각하다 ⇒ [장내를 생가카다]

3 어법

❶ 동작의 동시 진행 연결 어미 "−(으)면서"의 용법

"−면서"와 "−으면서"는 각기 "−며"나 "−으며"보다 진행의 의미가 좀 더 있으나, 거의 같은 뜻이다. 그래서 서로 교체되는 일이 많다.

예　산책하며 생각한다. ↔ 산책하면서 생각한다.

　　웃으며 말한다.　　↔ 웃으면서 말한다.

−면서	어간의 끝이 모음일 때 쓴다
	예: 집에 가면서 생각한다.
−으면서	어간의 끝이 자음일 때 쓴다
	예: 웃으면서 이야기한다.

연결 어미 형태	기능	예
-고	형용사의 동시 연결	좋고 싸다.
-고/-고서	동사의 순차 연결	먹고/먹고서 떠난다.
-(으)며	동작의 동시 연결	읽으며 생각한다.
-(으)면서	동시 진행 연결	차를 마시면서 이야기하다.

17.3 대화 연습

다음 그림을 보면서 말로 이야기하거나 글로 써 봅시다.

민우는 아침에 일어나서 먼저 산책을 하였습니다. 그는 산책을 하고 수업 준비를 하였습니다.

아침을 7시 30분에 밥먹고 학교로 갔습니다. 학교에 가면서 친구들을 만났습니다.

선생님께 "안녕하세요?"라고 말하면서 인사를 했습니다. 다른 학생들도 선생님께 반갑게 인사를 하였습니다.

9시부터 9시 50분까지 첫 시간 수업을 하고 10분 동안 쉬었습니다. 12시까지 3시간 동안 공부하고 점심을 먹었습니다. 친구들과 점심을 먹으면서 재미있는 얘기도 나누었습니다.

　오후 2시부터 5시까지 오후 수업을 마치고 기숙사로 갔습니다.

　기숙사에 가서 잠깐 동안 쉬고 숙제를 했습니다. 숙제를 마치고 손을 씻고 식당으로 가서 저녁을 먹었습니다.

(1) 민우는 아침에 일어나서 무엇을 먼저 하였습니까?

(2) 민우는 무엇을 준비하고 학교에 갔습니까?

(3) 학교에 가면서 누구를 만났습니까?

(4) 선생님께 어떻게 인사를 하였습니까?

(5) 몇 시에 점심을 먹었습니까?

(6) 오후 수업은 몇 시부터 몇 시까지 합니까?

(7) 수업을 마치고 어디로 갔습니까?

(8) 기숙사에 가서 먼저 무엇을 했습니까?

(9) 숙제를 마치고 무엇을 했습니까?

(10) 손을 씻고 어디로 가서 무엇을 했습니까?

18.1 이유 및 원인 연결 어미(1)

 **기본 유형 : −아서/−어서/−여서**

어제 날씨가 좋아서 등산을 했습니까?

　　예, 날씨가 좋아서 등산을 했어요.

백화점에서 그 물건을 샀어요?

　　너무 비싸서 사지 못했습니다.

왜 친구들과 함께 여행을 하지 않지요?

　　저는 돈이 없어서 여행을 하지 못합니다.

왜 거리가 이렇게 복잡하지요?

　　차들이 너무 많아서 거리가 복잡합니다.

영미 씨는 왜 잘 걷지 못하지요?

　　새 신발이 너무 작아서 발이 아픕니다.

1 연습하기

> 보기 철호는 왜 아침에 늦게 일어났습니까?
>
> 피곤하다 ·· 철호는 피곤해서 아침에 늦게 일어났습니다.

(1) 진우는 왜 시합에 나가지 못했습니까?

　　몸이 아프다 ·· 진우는 몸이 아파서 시합에 나가지 못했습니다.

(2) 왜 우리는 소풍을 안 갑니까?

　　날씨가 나쁘다 ·· 날씨가 나빠서 우리는 소풍을 안 갑니다.

(3) 왜 친구들과 함께 놀지 못했습니까?

　　시간이 없다 ·· 시간이 없어서 친구들과 함께 놀지 못했어요.

(4) 왜 그 친구를 안 만납니까?

　　재미가 없다 ·· 재미가 없어서 안 만납니다.

(5) 왜 빵을 그렇게 많이 먹었지요?

　　배가 고프다 ·· 배가 고파서 빵을 많이 먹었습니다.

2 어법

❶ "−아서", "−서", "−어서", "−여서"의 이유 및 원인 연결

여기에서 보인 순차 제약 연결 어미 "−아서", "−서", "−어서", "−여서" 등은 대개 형용사와 어울리면 이유나 원인을 나타낸다.

> 예 날씨가 좋아서 소풍을 갔습니다. ("좋아서"는 이유를 나타낸다)
>
> 월급이 적어서 가난합니다.   ("적어서"는 이유/원인을 나타낸다)
>
> 그는 부양할 가족이 많아서 날마다 열심히 일했습니다.
>
> 우리는 피곤해서 일을 더 못했습니다.

이런 어미는 앞(16.3)에서 다룬 순차 제약의 "−아서" 등과 동일 형태이지만, 의미가 다름을 유의할 필요가 있다.

어간에 "-쁘다"나 "-프다"가 결합된 형용사는 "-아서/어서"가 첨가될 때 형태 변화가 있으니, 기억할 필요가 있다.

 나쁘다 + -아서 → 나빠서
나쁘다 + -아서 → 나빠서
아프다 + -아서 → 아파서
고프다 + -아서 → 고파서
예쁘다 + -어서 → 예뻐서

18.2 이유 및 원인 연결 어미(2)

기본 유형 : -(으)니까

제가 지금 바쁘니까 나중에 전화하시겠어요?
　예, 내일 제가 다시 전화하겠습니다.

오전에 시험을 봤으니까 오후에는 쉬겠지요?
　예, 지금부터 좀 쉬겠습니다.

선생님이 안 계시니까 이따가 연락하시겠어요?
　예, 제가 시간이 없으니까 말씀 좀 전해 주세요.

1 연습하기

보기　나중에 연락할까요?
　　　지금 바쁘다 ·· 지금 바쁘니까 나중에 연락하세요.

(1) 내일 오후에 만날까요?
　　병원에 가다 ·· 오늘은 병원에 가니까 내일 오후에 만납시다.

(2) 그 기계를 안 사시겠어요?

　　너무 크다　　‥ 그 기계가 너무 크니까 나중에 사겠습니다.

(3) 왜 오늘 여행을 못 떠납니까?

　　비가 오다　　‥ 비가 오니까 오늘 못 떠납니다.

(4) 왜 오늘 밖에 안 나가지요?

　　눈이 오다　　‥ 눈이 오니까 밖에 안 나갑니다.

(5) 집안을 청소할까요?

　　손님이 오시다 ‥ 손님이 오시니까 집안을 청소합시다.

2 발음

연락하시겠어요 ⇒ [열라카시게써요]	없으니까 ⇒ [업쓰니까]
집안　　　　　 ⇒ [지반]	눈이　　 ⇒ [누니]

3 어법

❶ 이유 및 원인 연결 어미 "–니까/–으니까"의 용법

이 연결 어미는 동사나 형용사에 두루 쓰여서, 그 용언으로 하여금 이유나 원인이 되도록 연결하는 구실을 한다.

> 예　저 산이 너무 높으니까 올라가지 못합니다.
> 　　아이들이 웃으니까 어른들도 따라 웃습니다.

· **어간의 끝이 모음**: 눈이 오니까
· **어간의 끝이 자음**: 사람이 많으니까

"–니까"와 "–으니까"는 편의상 "–(으)니까"로 합쳐서 표시한다. 어간의 끝이 자음이냐 모음이냐에 따라 그 형태가 달라진다.

이유 및 원인 연결 어미(3)

 **기본 유형 : ─(으)므로**

세상 일이 복잡하므로 걱정이 많지요?

　예, 정말 걱정이 많아요.

공무원들은 신뢰가 부족하므로 더 노력해야 하지 않을까요?

　예, 특히 공무원들이 좀 더 애국심을 발휘해야지요.

그들이 핵실험을 하므로 세계가 어수선하지요.

　그렇죠, 정세가 불안한 나라까지 핵을 보유하는 것은 큰 문제지요.

주말에는 시위가 많으므로 교통이 복잡하지요?

　예, 주말에는 시위 때문에 교통이 더 복잡해요.

---

1 연습하기

> **보기**　왜 사람들이 시위를 하지요?
> 　　　　불만이 많다 ‥ 불만이 많으므로 시위를 하지요.

(1) 왜 비행기가 출발하지 않았지요?

　폭우가 쏟아지다　‥ 폭우가 쏟아지므로 출발하지 않았어요.

(2) 왜 사람들이 많이 모였지요?

　국제 경기가 있다 ‥ 국제 경기가 있으므로 사람들이 많이 모였지요.

(3) 왜 컴퓨터를 쓰지 않지요?

　고장이 나다　　　‥ 고장이 났으므로 지금은 쓰지 못합니다.

(4) 오늘날은 왜 세상 소식이 빠르지요?

　인터넷이 발달하다 ‥ 인터넷이 발달하였으므로 세상 소식이 빠르지요.

(5) 왜 오늘은 휴일이지요?

　　선거일이다 ‥ 오늘은 선거일이므로 임시 휴일이지요.

2 어법

❶ 이유 및 원인 표시 어미 "−(으)므로"의 용법

"−(으)므로"는 주로 논리적인 글에서 많이 쓰이는 경향이 있다. 일상 대화에서는 "−(으)니까" 또는 "−아서" 등이 비교적 많이 사용된다. "−으므로"는 어간이 자음으로 끝난 형용사나 동사에 쓰인다. 어간이 모음으로 끝난 용언에는 "−므로"가 쓰인다.

18.4 일상 대화의 인과 관계 표현

 **기본 유형 : −때문에, −기 때문에**

왜 아침에 지각했지요?

　　지하철이 오지 않았기 때문에 늦었습니다.

왜 친구를 만나지 않지요?

　　시험공부를 하기 때문에 친구를 만나지 않습니다.

왜 시합이 연기되었지요?

　　비가 많이 오기 때문에 시합이 연기되었어요.

왜 배가 고기잡이를 못하지요?

　　폭풍우 때문에 배가 연안에 묶여 있어요.

1 연습하기

> **보기** 왜 아이들이 강에서 수영을 하지 않지요?
>
> 날씨가 춥다 ·· 날씨가 춥기 때문에 수영을 하지 않아요.

(1) 왜 제주행 비행기가 출발하지 않았습니까?

안개가 끼다 ·· 안개가 끼었기 때문에 출발하지 않았습니다.

(2) 왜 오늘은 밖에 안 나가셨습니까?

몸이 불편하다 ·· 몸이 불편하기 때문에 오늘은 밖에 안 나갔습니다.

(3) 왜 자동차를 사지 않았습니까?

돈이 모자라다 ·· 돈이 모자라기 때문에 사지 않았습니다.

(4) 왜 창문을 닫았어요?

바람이 불다 ·· 바람이 불기 때문에 창문을 닫았어요.

(5) 왜 민수가 지각했습니까?

늦게 일어났다 ·· 민수는 늦게 일어났기 때문에 지각했습니다.

2 발음

왔기 때문에	⇒ [와끼 때문에]	않았습니다	⇒ [아나씀니다]
늦게	⇒ [느께]	지각했습니다	⇒ [지가캐씀니다]

3 어법

❶ 이유 및 원인 표시 형태: "−(기) 때문에"의 용법

"−(기) 때문에"는 "−(으)니까"와 함께 이유 및 원인을 가장 확실히 나타내는 형태이다. 양자는 서로 교체가 가능하다.

예) 왜 병원에 갔습니까?
　　몸이 **아프기 때문에** 병원에 갔습니다.
　　몸이 **아프니까** 병원에 갔습니다.

❷ **"명사 + 때문에"**

예) 안개 때문에 비행기가 늦게 떠났습니다.
　　자동차 고장 때문에 늦게 도착했습니다.
　　돈 때문에 형제들이 싸웠습니다.

제19과
조건 연결

19.1 상태의 조건 연결 어미
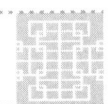

 기본 유형 : -(으)면

날씨가 따뜻하면 꽃이 피지요?
　　예, 날씨가 따뜻하면 꽃이 만발하지요.

밤이 깊으면 거리에 사람들이 적지요?
　　그래요, 밤이 깊으면 사람들이 자겠지요.

사람이 많으면 별 사람이 다 있겠지요?
　　예, 사람이 많으면 별별 사람이 다 모이지요.

공부를 열심히 하면 한국말을 빨리 배우겠지요?
　　그렇죠, 열심히 공부하는 것이 지름길이지요.

1 연습하기

> 보기 오늘은 보름날이니까 사람들이 밤늦게까지 놀겠지요?
>
> 보름달이 밝다 ‥ 보름달이 밝으면 아이들이 밤늦게까지 놉니다.

(1) 한국말을 더 열심히 공부하겠습니까?

재미있다 ‥ 재미있으면 더 열심히 공부하겠습니다.

(2) 어떻게 하면 손님이 많이 옵니까?

주인이 상냥하다 ‥ 주인이 상냥하면 손님이 많이 옵니다.

(3) 사람이 가게에 많이 안 옵니까?

값이 비싸다 ‥ 값이 비싸면 사람이 가게에 많이 안 옵니다.

(4) 길이 매우 복잡하지요?

차가 많다 ‥ 차가 많으면 길이 복잡하지요.

(5) 왜 좋은 물건을 살 수 없지요?

돈이 없다 ‥ 돈이 없으면 좋은 물건을 살 수 없지요.

(6) 왜 아이들이 많이 모여요?

만화가 재미있다 ‥ 만화가 재미있으면 아이들이 많이 모여요.

2 어법

❶ 형용사의 조건 연결 어미 "−(으)면"의 용법

조건 표시 연결 어미 "−(으)면"은 앞의 형용사에 결합되어서 상태의 조건을 나타낸다.

> 예 물건 값이 비싸면 사람들이 별로 안 산다.
>
> 물건이 값이 싸고 좋으면 고객들이 많이 산다.

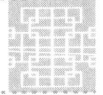

19.2 | 행동의 조건 연결 어미

 기본 유형 : -(으)면

음식을 너무 많이 먹으면 몸에 안 좋아요?

　　그럼요, 음식을 많이 먹으면 탈이 나기 쉽지요.

전문적인 사진이 필요하면 누구에게 연락할까요?

　　전문적인 사진이 필요하면 사진사에게 연락하십시오.

누구나 월급을 많이 받으면 좋겠지요?

　　월급쟁이는 월급을 많이 받는 것이 제일 중요하지요.

1 연습하기

> 보기　용건이 있으면 직원에게 말해야 하지요?
>
> 　　　서류가 필요하다 ·· 서류가 필요하면 직원에게 말하세요.

(1) 몸이 안 좋으면 치료를 받아야 하지요?

　　몸이 아프다　·· 몸이 아프시면 치료를 받으세요.

(2) 혼자 가시겠어요?

　　길을 모르다　·· 길을 모르면 혼자 가지 마십시오.

(3) 바다에 가시겠어요?

　　수영을 잘하다 ·· 수영을 잘하면 바다에 가세요.

(4) 저에게 말씀하시겠어요?

　　겨울옷이 없다 ·· 겨울옷이 없으면 저에게 말씀하세요.

(5) 이것을 그이에게 전해 주시겠어요?

　　그이를 만나다 ·· 그이를 만나면 이것을 전해 주세요.

2 어법

❶ 행동 조건 표시 연결 어미: "–(으)면"

행동 조건 표시 연결 어미는 앞의 동사에 결합되어서 그 행동의 조건을 나타낸다. 이 어미 형태는 상태 조건 표시 어미의 경우와 같다. 다만, 그것이 동사에 쓰이면 행동 조건 표시가 된다.

> 예 가수가 노래를 부르면 사람들이 더 많이 모이지요.
> 책임을 맡으면 일을 완수해야 하지요.

19.3 조건 있는 소망의 표시

 기본 유형 : –(으)면 좋겠다

이 옷을 입으면 어떻겠어요?
　그 옷을 입으면 좋겠습니다.

연습 시간이 많으면 좋겠지요?
　그럼요, 연습 시간이 많으면 좋지요.

저 회사에 입사하면 좋겠지요?
　저 회사는 일류 회사니까 입사하면 좋지요.

지금 달이 뜨면 더 좋겠지요?
　예, 달이 뜨면 아주 좋겠습니다.

1 연습하기

> **보기** 지금 그만하면 좋겠지요?
>
>   예, 지금 그만하면 좋겠어요.

(1) 잠깐 동안 쉬면 좋겠지요?

      예, 잠깐 동안 쉬면 좋겠습니다.

(2) 지금 체조를 하면 좋겠지요?

      예, 지금 체조를 하면 건강에 좋지요.

(3) 차가 빨리 오면 좋겠지요?

      예, 차가 빨리 오면 좋겠어요.

(4) 주말에 여행하면 좋겠지요?

      예, 주말에 여행하면 좋겠습니다.

(5) 내일 행사 때문에 비가 안 오면 좋겠지요?

      예, 내일 행사 때문에 비가 안 오면 좋겠습니다.

2 어법

❶ 조건 있는 소망의 표시

조건 있는 소망의 표시 연결 어미 "-(으)면"은 동사뿐 아니라 형용사에도 쓰인다. 다만, "좋겠다", "좋겠어요", "좋겠습니다" 등의 표현이 뒤따른다.

> 예 그분이 건강하시면 좋겠습니다.
>
>   한국말을 더 잘 하면 좋겠어요.

19.4 간접 조건 연결 어미

 **기본 유형 : -다면**

이 영화가 그렇게 재미있다면 같이 보겠어요?
　　예, 그렇다면 같이 보겠어요.

그 여자가 착하다면 한번 만나볼까요?
　　예, 한번 만나 보시지요.

그 옷이 예쁘다면 나도 한 벌 살까요?
　　그래요, 한 벌 사시지요.

그 문제가 해결될 수 있다면 우리 함께 풀어 보겠어요?
　　여러 사람이 그렇게 생각한다면 나도 다시 고려하겠어요.

1 연습하기

> **보기**　이 물건이 그렇게 좋다면 사시겠어요?
> 　　　　예, 그 물건이 그렇게 좋다면 사겠어요.

(1) 내가 여행을 한다면 따라 가겠습니까?
　　예, 선생님이 여행을 하신다면 따라 가겠습니다.

(2) 내일 사람들이 다 모인다면 선생님도 참석하시겠습니까?
　　예, 내일 사람들이 다 모인다면 나도 참석하겠습니다.

(3) 이 음식이 맛있다면 선생님도 잡수시겠지요?
　　예, 이 음식이 맛있다면 나도 먹겠습니다.

(4) 그 일이 유익하다면 같이 하겠어요?
　　예, 그 일이 재미있다면 같이 하겠습니다.

(5) 회원들이 괜찮다면 이 모임에 가입하시겠어요?

　　　　예, 회원들이 괜찮다면 나도 그 모임에 가입하겠습니다.

2 어법

❶ 간접 조건 연결 어미 "－다면"의 용법

"－다면"은 "－다고 하면"의 축약형이다. 의미는 동일하나 형태가 더 짧기 때문에 "－다면"이 많이 쓰인다. "－면", "－다면", "－다고 하면", "－다고 말하면" 등은 조건을 나타내는 점에서는 공통적이다.

　　예　여러분이 좋다면 나도 찬성합니다.

　　　　학생들이 좋다고 하면 곧 시작하겠습니다.

　　　　여러분이 좋다고 말하면 나는 반대하지 않겠습니다.

〈한국어 수업〉

메모하세요

제20과
필수 조건 연결

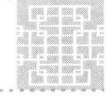

20.1 | 필수 조건 연결 어미

 **기본 유형 : ─아야/─어야/─여야**

월급을 받아야 생활을 할 수 있지요?
    예, 급료를 받아야 생활필수품을 살 수 있어요.

산에 가야 범을 잡지요?
    그래요, 호랑이를 잡으려면 호랑이 굴에 가야 해요.

먼저 연구를 해야 발명을 하지요?
    그래요, 연구가 없으면 좋은 발명품을 만들 수 없지요.

음식을 먹어야 기운이 나지요?
    예, 영양가 있는 음식을 먹어야 기운이 나요.

왜 여행을 안 떠나지요?
    여가 시간이 있어야 여행을 떠나지요.

1 연습하기

> 보기   왜 사과를 먹지 않습니까?
>
>   맛이 좋다 ·· 사과가 맛이 좋아야 먹지요.

(1) 장사가 잘 안 됩니까?

   손님이 많다   ·· 손님이 많아야 장사가 잘 되지요.

(2) 어떻게 빨리 갈 수 있어요?

   고속철을 타다   ·· 고속철을 타야 빨리 갈 수 있지요.

(3) 왜 논문을 발표하지 않습니까?

   연구를 하다   ·· 연구를 해야 논문을 발표하지요.

(4) 왜 결혼을 하지 않습니까?

   결혼 상대자가 있다 ·· 결혼 상대자가 있어야 결혼하지요.

(5) 이야기를 더 계속하지 않습니까?

   이야깃거리가 있다   ·· 이야깃거리가 있어야 계속하지요.

2 어법

❶ 필수 조건 연결 어미 "-아야/-어야/-여야"의 용법

필수 조건이란 반드시 이루어져야 하는 조건을 가리킨다. 그 조건은 문장의 앞 부분에 쓰인 연결 어미로 표시되며, 그 뒤의 구절은 그 조건이 충족되어야 이루어지게 된다.

> 예 **아이들은 사랑을 받아야** 잘 자라게 되지요.
>
>   **필요가 있어야** 그 물건을 사지요.
>
>   한국말을 공부해야 한국 사람과 이야기 하지요.

밑줄 친 앞 구절이 반드시 충족되어야 뒤의 구절이 실현된다.

필수 조건 연결 어미는 다음 표에서 볼 수 있다. 이 어미는 앞 구절의 동사나 형용사 어간에 첨가된다. 이 어미들은 그 어간의 발음에 따라 선택된다.

어간 끝음절 형태	필수 조건 어미	예
모음 어간 (ㅏ)	ㅡ아야 하다	받아야 하다
오음 어간 (ㅗ)	ㅡ아야 하다	보아야 하다
모음 어간 (ㅏ) 종성 자음 없음	ㅡ야하다	사야 하다 자야 하다
어간 (하)	ㅡ여야 하다 ㅡ해야	일하여야 하다 일해야 하다
어간 모음 (ㅓ)	ㅡ어야 하다	먹어야 하다
어간 모음 (ㅣ)	ㅡ어야 하다	있어야 하다 믿어야 하다

"ㅡ아야", "ㅡ어야", "ㅡ여야" 등의 형태들은 과거 표시의 "ㅡ았ㅡ", "ㅡ었ㅡ", "ㅡ였ㅡ" 그리고 "ㅡ아서", "ㅡ어서", "ㅡ여서" 등의 형태들과 공통점이 있다.

20.2 필수 조건의 표현형(1)

 **기본 유형 : ㅡ아야/ㅡ어야 되다**

우리는 교육을 받아야 지식인 되지요?
　　예, 누구나 교육을 받아야 지식인이 됩니다.

그 물건을 직접 보아야 확인이 되지요?
　　예, 물건을 직접 살펴야 되지요.

교과서가 있어야 교육이 됩니까?
　　대개 교과서가 없으면 교육이 안 되지요.

1 연습하기

> 보기 몇 시간을 기다려야 일이 마무리가 됩니까?
>
>   5시간 ‥ 5시간 정도 기다려야 일이 마무리가 됩니다.

(1) 며칠을 더 일해야 그 제품이 완성됩니까?

    10일   ‥ 10일을 더 일해야 제품이 완성됩니다.

(2) 얼마 동안 더 공부해야 한 과목이 마무리됩니까?

    4시간   ‥ 4시간 동안 더 공부해야 한 과목이 마무리됩니다.

(3) 얼마 동안 더 올라가야 산의 정상에 도착됩니까?

    3시간   ‥ 3시간 동안 더 올라가야 정상에 도착됩니다.

(4) 꿩을 잡으려면 어디에 덫을 놓아야 됩니까?

    뒷산   ‥ 뒷산 숲속에 덫을 놓아야 됩니다.

(5) 몇 킬로미터 배를 타고 가야 저 섬에 도착합니까?

    12킬로미터 ‥ 배로 12킬로미터를 타고 가야 저 섬에 도착합니다.

2 어법

❶ 필수 조건 어미 "—아야/—어야/—여야"와 "되다"의 용법

필수 조건 표시 어미로 이루어진 조건문은 "되다"가 쓰인 뒤의 구절과 짝이 되는 일이 많다.

> 예 아침에 일찍 일어나야 그 날 일이 잘 됩니다.
>
>   공부를 더 열심히 해야 반에서 우등생이 되겠지요.

필수 조건의 표현형(2)

 기본 유형 : -아야/-어야 하다

어머니가 신랑감을 보아야 합니까?
  그래, 내가 그를 직접 보아야 하지.

아이들은 우유를 많이 마셔야 하지요?
  어렸을 때 우유를 마셔야 키가 큰단다.

건강하게 살려면 운동을 해야 하지요?
  그래, 적절한 운동을 해야 한단다.

언제 떠나야 합니까?
  일주일 뒤에 떠나야 합니다.

1 연습하기

> 보기 그 물건을 사려면 어디에 가야 합니까?
>   남대문 시장 ‥ 남대문 시장에 가야 합니다.

(1) 몇 년을 더 공부해야 그 시험에 합격합니까?
   적어도 3년은 더 공부해야 합니다.

(2) 얼마나 연습을 해야 우승합니까?
   우승팀보다 몇 배 더 연습해야 우승합니다.

(3) 결혼에 성공하려면 어떻게 해야 합니까?
   정직하게 사랑하고 능력을 쌓아야 합니다.

(4) 한국어를 잘 하려면 어떻게 공부해야 합니까?
   우선, 한국 사람과 자주 대화하여야 합니다.

(5) 어떤 운동을 해야 몸이 건강합니까?

　　자기 몸에 알맞은 운동을 꾸준히 계속해야 건강합니다.

20.4 필수 조건 표현의 용법 복습

 **기본 유형 : -아야/-어야 되다/하다**

유진　　: 우리는 여기에서 살아야 하지요?

아저씨 : 그럼, 우리는 여기서 살아야 되지.

유진　　: 우리도 강남으로 이사해야 되지 않아요?

아저씨 : 집값이 싸야 하지.

유진　　: 외국에 유학하려면 돈이 많아야 되지요?

아저씨 : 그럼, 여비, 입학금, 생활비가 마련되어야 하니까 한국보다 배는 더 있어야
　　　　되지.

유진　　: 한국에서도 그만큼 돈이 있어야 되지 않아요?

아저씨 : 대학 공부를 하려면 학비가 있어야 하지만 그렇게 많이 들지는 않지.

위 대화를 읽고 "-아야/-어야 하다", "-아야/-어야 되다" 등의 용법을 완전히 이해
하도록 연습한다.

어법 중심 한국어

찾아보기

저자 정달영

학력: 청주중·고등학교 졸업
　　　서울교육대학교 졸업
　　　서경대학교 국어국문학과 졸업(문학사)
　　　연세대학교 교육대학원 한국어교육전공 졸업(교육학석사)
　　　민족문화추진회 국역연수원 수료(일반연구원)
　　　한양대학교대학원 국어국문학과 국어학전공 졸업(문학박사)

약력: 한글문화세계화운동본부 사무총장 역임. 현 (사)한말글 이사장
　　　한민족문화학회 회장, (사)한국어정보학회 회장 역임
　　　서울교육대학교, 한양대학교, 서경대학교 강사 역임
　　　현 대진대학교 인문과학대학 국어국문학과 교수

저서: 국어단락 이론과 작문 교육
　　　생각과 표현(공저)
　　　新漢文科 敎育論(공저)
　　　세계 속담 대사전(공저)

어법 중심 한국어2 중급

초판인쇄　2014년 2월 20일
초판발행　2014년 2월 28일

저　　자　정달영
발 행 처　도서출판 박문사
등록번호　제2009-11호

책임편집　이신

우편주소　132-040 서울시 도봉구 창동 624-1 현대홈시티 102-1106
대표전화　(02) 992-3253
팩시밀리　(02) 991-1285
전자우편　bakmunsa@hanmail.net

ISBN 978-89-98468-17-0 14710 (세트)
ISBN 978-89-98468-19-4 14710　　　정가 12,000원